AUGUSTIN CHALLAMEL

LES

AMUSEURS DE LA RUE

SEIZE COMPOSITIONS

Par M. Édouard DEBAT-PONSON

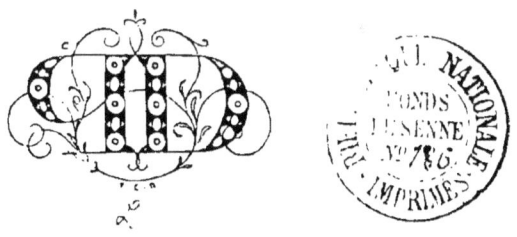

PARIS
LIBRAIRIE DUCROCQ
55, RUE DE SEINE, 55

1875

LES AMUSEURS DE LA RUE

BOBÈCHE ET GALIMAFRÉE

I

— Allons, voyons, Augustin, ne fais donc pas comme cela le Bobèche !

Telle fut l'apostrophe que ma bonne mère me lança, un jour que je me signalais, devant elle, par toutes sortes d'extravagances, en gestes et en paroles. J'étais niais au suprême degré.

J'avais alors onze ans, l'âge où l'on a déjà la prétention de se compter parmi les personnages.

— Bobèche! bobèche! qu'est-ce que cela veut dire? me demandai-je, après avoir obéi aux injonctions maternelles.

Dès que je me trouvai seul, j'eus cette curiosité de chercher l'origine des choses, si naturelle à votre âge; je courus à la bibliothèque de mon père, pour y prendre un dictionnaire français.

C'était le *Dictionnaire de l'Académie française*, celui qui a le monopole du langage, et qui fait loi dans les discussions grammaticales.

Au mot *Bobèche*, je ne trouvai qu'un substantif féminin, signifiant « une petite pièce cylindrique et à rebord, qu'on adapte aux chandeliers, aux lustres, aux girandoles, etc., et dans laquelle on met la bougie ou la chandelle. »

— Évidemment, ce n'est pas de cette

Bobèche.

bobèche qu'il s'agit, me dis-je aussitôt.

Je poursuivis ma recherche, et je lus : « Bobèche se dit également de la partie supérieure d'un chandelier, lorsqu'elle a un rebord comme celui des bobèches mobiles. »

Impatienté, j'attendis quelques instants, et j'interrogeai ma mère :

— Vous m'avez dit, maman, que je faisais le bobèche... Je ne comprends pas ce que ce mot signifie.

— Ce mot signifie, mon cher enfant, que tu ressemblais, au moment où je t'ai réprimandé, au fameux Bobèche du boulevard du Temple...

— Est-ce qu'on peut le voir?

— Plus maintenant; il est mort depuis quelques années. Cet homme se distinguait par les naïvetés et les niaiseries. Il gesticulait très-drôlement, et savait, par ses grimaces, exciter le fou rire parmi les passants. Je ne crois pas qu'il faille l'imiter; aussi, je te défendais de faire le Bobèche.

II

En ma qualité d'historien, préoccupé surtout du tableau des mœurs françaises aux diverses époques, j'entreprends pour votre instruction, pour votre plaisir aussi, je l'espère, le portrait de l'illustre Bobèche, simple paradiste, qui florissait au boulevard du Temple, sous le premier Empire et au commencement de la Restauration.

J'y joins l'esquisse de Galimafrée, autre célébrité de même farine.

Vous ne pouvez guère vous figurer, mes enfants, ce coin de Paris, si bruyant, si gai, si populeux autrefois.

La patrie de Bobèche, le boulevard du Temple, était le rendez-vous de toutes les classes sociales, cherchant l'égalité du plaisir ! Tout le monde y venait s'oublier, faire bombance, entendre le bruit des crincrins et des chansons, visiter les mille curiosités d'une capitale en quête d'inventions.

Quelle variété ! des oiseaux faisaient l'exercice ; des lièvres battaient la caisse ; des puces traînaient des carrosses à six chevaux.

Ici, une femme, les pieds en haut, la tête en bas, se tenait en équilibre sur un chandelier ; là, une petite fille était mise à la crapaudine sur un plat d'argent ; plus loin, des nains, des géants, des hommes-squelettes, des luronnes pesant huit cents livres, des avaleurs de fourchettes, de sabres et de serpents, coudoyaient des enfants qui marchaient sur des barres de fer rouge.

Pourquoi donc cette foule? que regardaient ces flâneurs des rues?

Ils regardaient Bobèche, mes enfants. Ou bien, ils regardaient Galimafrée.

Bobèche avait paru d'abord sur les tréteaux de Versailles et de quelques fêtes publiques aux environs de Paris. Bobèche était une illustration populaire, possédant un masque précieux pour son emploi, ayant un jeu empreint de la plus naïve bêtise.

Il allait dire des niaiseries parfois fort amusantes chez les ministres, les grands seigneurs et les banquiers millionnaires. Il fallait à ces gens-là des amuseurs, comme aux badauds.

Bobèche portait une veste rouge, un tricorne gris, que surmontait un papillon, symbole de la légèreté de son esprit. Il lâchait de grosses vérités, parmi un déluge de phrases incohérentes ; il se permettait des allusions politiques et s'attirait souvent les avertissements de la police, ce dont il tirait vanité.

III

Un jour, trois cents personnes, environ, se tenaient droites devant son théâtre, ou plutôt devant sa tribune en plein air.

Bobèche se regardait complaisamment dans un miroir, en se tournant de manière à voir tous les assistants.

— Que fais-tu donc là ? demandait un compère.

Et Bobèche répondait, en riant à gorge déployée :

— Je regarde trois cents imbéciles.

La foule se fâcha, et notre impertinent dut rentrer sous sa tente.

Mais l'orage se dissipa vite. La foule ne sait pas bouder longtemps contre le rire.

Une autre fois, sous la Restauration, Bobèche s'avisa de dire, dans une de ses nombreuses improvisations :

— On prétend que le commerce ne va pas : j'avais trois chemises, j'en ai déjà vendu deux !

La police ne toléra pas de pareilles boutades, et Bobèche mit une sourdine à ses saillies. Il craignit de coucher en prison.

Son audace augmentait sa vogue. Ce niais comptait de vifs admirateurs, qu'il méritât ou non sa renommée. Il savait attiser la curiosité.

Dans quelques salons du faubourg Saint-

Germain, on s'inquiétait parfois de ce que disait Bobèche, que tout le monde connaissait, depuis les plus hauts fonctionnaires jusqu'aux plus humbles employés.

Sous le premier Empire, un directeur général, dont un des rédacteurs arrivait fort tard au bureau, lui demanda la cause de son inexactitude.

— Monsieur le directeur, répondit l'employé, essayant de s'excuser, j'ai l'habitude, pour venir au ministère, de traverser le boulevard du Temple, et je m'arrête fréquemment, je l'avoue, à écouter les lazzi de Bobèche.

— Vous me trompez, monsieur, répliqua le directeur général. Je ne vous y ai jamais vu.

Sans doute Bobèche manquait de politesse à l'égard de ses auditeurs; mais il faut convenir que ceux-ci ne commandaient guère le respect.

Pour beaucoup, le sel n'était jamais assez gros.

Figurez-vous, mes chers amis, les têtes les plus étranges, des provinciaux et des badauds de Paris riant des plaisanteries bonnes ou mauvaises, passant leur temps à voir la parade ; figurez-vous de sales gamins s'arrêtant toute la journée devant Bobèche et Galimafrée, au lieu d'aller à l'école; figurez-vous des bourgeois et des freluquets oisifs, toujours satisfaits des plats épicés que ces deux paradistes leur servaient.

Les bravos de la foule encourageaient Bobèche, qui ne manquait pas d'esprit et gardait une certaine réserve, tandis que Galimafrée, son émule sur le boulevard du Temple, s'abaissait à dire des paroles ordurières.

C'était une variété du paillasse, qui avait transporté sur le boulevard les vieux tréteaux du Pont-Neuf.

IV

Bobèche avait, de plus que Galimafrée, un talent d'improvisateur comique. Il était à la fois acteur et auteur; il composait lui-même ses rôles.

Telle farce de cet homme contenait plus de verve attique et plus de finesse de traits qu'on n'en rencontrait dans mainte pièce en cinq actes, jouée sur les grands théâtres de Paris.

Je vais vous en citer un exemple entre mille.

Le compère, remplissant le rôle du maître

de Bobèche, s'en venait trouver celui-ci.

Ce compère avait une lettre à la main.

— Bobèche, disait-il, voici une lettre que t'envoie un de tes amis. Permets que je te la lise, attendu que tu as oublié d'apprendre à lire. Écoute.

Et le compère lisait :

« Mon cher ami,

« Je dois vous annoncer que votre frère a, depuis votre départ, commis quelques inconséquences : il en est, depuis six mois, à sa douzième indélicatesse... »

— Ah ! le misérable ! interrompait Bobèche ; je pars sur-le-champ... Je veux le tuer, pour l'honneur de la famille, avant qu'il passe en justice.

— Attendez un instant, répondait le maître, qui continuait à lire :

Bobèche.

« De la sorte, il possède une dizaine de mille francs, et il vous en a destiné la moitié. »

Bobèche aussitôt souriait, en disant :

— Dans le fond, c'est un bon garçon ; il a d'excellentes qualités.

— Attendez encore, mon ami.

Il lisait : « Par malheur, des voleurs ont pénétré chez lui en son absence, et ils ont enlevé toute la somme. »

— Ah ! le scélérat ! ah ! l'infâme ! s'écriait Bobèche. Ne me retenez plus ! Il faut que j'aille le punir !...

— Écoutez donc encore, ajoutait le compère, en lisant :

« Heureusement, les brigands ont été arrêtés le lendemain, et on a retrouvé sur eux la somme entière... »

— Au fait, observait Bobèche, on l'a

peut-être calomnié, mon aimable frère...
La calomnie est une arme empoisonnée...

Enfin, le compère achevait de lire :

« Il est vrai que les dix mille francs ont été déposés au greffe, et qu'on ne sait trop quand ils en sortiront. »

— Tenez, monsieur, disait alors Bobèche, pour terminer, afin de me former une opinion sur mon pauvre frère, je vois que le plus sûr est d'attendre... Je vous dirai mon opinion plus tard.

Les trépignements de joie du public accueillaient d'ordinaire cette scène, que plusieurs auteurs dramatiques modernes, « prenant leur bien où ils le trouvaient, » n'ont pas dédaigné de reproduire.

Jamais, non jamais, Galimafrée ne s'éleva à une telle hauteur.

V

Les succès de Bobèche allèrent croissant. Sa renommée éclipsait tous ses rivaux. Sous le règne de Louis XVIII, la gloire du paradiste fut à son apogée. Il avait l'honneur de jouer fréquemment ses farces dans les brillantes fêtes de Tivoli, où se rassemblait une société d'élite, et dont les délicieux jardins ont disparu.

C'est à Tivoli, en effet, que vos grands parents ont vu Bobèche; c'est là que ma bonne mère s'était trouvée, pour rire des grimaces du farceur, mais aussi pour prendre la résolution de ne pas me laisser marcher sur ses traces, ainsi que je vous l'ai appris en commençant cette histoire.

A Tivoli, Bobèche s'intitulait pompeusement sur l'affiche : *Premier bouffon du gouvernement.*

Quelle réputation il avait acquise ! Bien des gens, à leur arrivée dans Paris, couraient voir cet illustre niais avant d'aller se régaler du Palais-Royal ou de l'Opéra.

Alors, son ambition le perdit : *Sua cum perdidit ambitio,* comme vous l'enseigne la grammaire de Lhomond.

Bobèche voulut se faire aussi gros que les comédiens de première ligne. Il les imita, et organisa une tournée départementale, pour montrer aux gens de province sa mine cocasse et ses pièces désopilantes.

Un de mes oncles me raconta qu'il résidait à Douai, si j'ai bonne mémoire, quand Bobèche donna dans cette ville des représentations *extraordinaires.*

Notre bouffon du gouvernement ne doutait de rien. Il fixa le prix des places au taux où on les mettait quand Talma, le grand tragédien, se montrait sur un théâtre de province.

Bobèche suivant les traces de Talma !

Le public s'indigna, se fâcha tout rouge, se révolta.

Lorsqu'eut lieu sa première représentation, Bobèche ne tarda pas à comprendre qu'il s'était trompé.

— Sus à Bobèche ! sus à Bobèche ! crièrent les spectateurs furieux.

Bobèche tint tête à l'orage, d'abord. Mais les Flamands, de leur nature peu endurants, n'entendirent pas raison et voulurent assommer le rival heureux de Galimafrée, l'homme qui vendait trop cher sa marchandise.

Du même coup, Bobèche se sauva de la

bagarre, emportant sans doute avec lui la recette, et il disparut entièrement comme paradiste. Le premier bouffon du gouvernement survécut à sa renommée.

Nous savons seulement que l'acteur-auteur, dont on avait tant répété les lazzi, finit par diriger un théâtre à Rouen.

Il nous a été impossible, mes chers amis, de découvrir le nom de famille et le lieu de naissance de Bobèche.

Vanité des vanités! A quoi sert, n'est-ce pas, d'avoir provoqué les éclats de rire d'une foule enthousiaste, si la postérité ne connaît même pas votre nom ou votre pays?

VI

Le théâtre de Bobèche avait sombré, au boulevard du Temple. Les Parisiens manifestaient leurs regrets sincères. Un amuseur émérite leur manquait.

Galimafrée essaya de le faire oublier, compta des habitués, des partisans, et peut-être des admirateurs.

Plus sage que Bobèche, Galimafrée resta dans sa sphère, chose rare pour les gens de toutes conditions, surtout pour les hommes de théâtre.

Comme son talent était très-commun, il ne visa pas bien haut et ne quitta pas ses planches, où le public s'était accoutumé à le voir et à l'applaudir.

Désormais sans rival, il triompha sur toute la ligne, et l'on put croire que Galimafrée allait faire fortune, tant les gros sous pleuvaient dans sa caisse.

Mais, chers enfants, combien il est difficile aux bohèmes, aux déclassés, de vivre selon les lois communes, de travailler avec ordre, de penser au lendemain !

Bobèche s'était perdu par trop d'ambition ; Galimafrée se perdit par trop de confiance en lui-même.

Un temps vint où ses gros mots déplurent, au lieu d'exciter le rire. Moi qui l'ai vu plusieurs fois, je vous avoue qu'il ne m'amusait pas toujours. Il passait la mesure. Aussi, mes camarades et moi, nous trouvions qu'il manquait d'esprit dans ses bêtises.

Et nos parents de s'écrier souvent :

— Ce n'est pas là Bobèche ! Bobèche était bien plus original ! Bobèche emportait le morceau !

C'est-à-dire qu'il savait mieux pondérer ses gestes et ses paroles, qu'il semblait passé maitre dans son art. C'est qu'on découvrait chez Bobèche un vrai type.

En résumé, Galimafrée fut obligé d'enlever ses tréteaux, de renoncer à la gloire du théâtre, de succomber sous le souvenir de Bobèche.

Un jour, — il y a de cela une trentaine d'années, — je me trouvais dans les coulisses de l'Opéra-Comique ; j'assistais à la répétition générale d'une pièce d'un compositeur en vogue.

Près de moi passa un machiniste en bourgeron, un homme assez vieux, à la figure vulgaire, mais que les autres machinistes semblaient considérer comme supérieur à eux, qu'ils saluaient et respectaient.

— Vous voyez, me dit le régisseur de la scène, une célébrité d'autrefois. Vous coudoyez Galimafrée, un des héros du boulevard du Temple.

Je ne m'en serais jamais douté.

Non-seulement je ne reconnaissais point l'ex-paillasse, mais encore je ne pouvais admettre qu'il y eût dans cet homme aucun signe particulier d'esprit ou de malice.

VII

De Bobèche et de Galimafrée, chers lecteurs, la postérité n'a pas tenu un compte égal.

Galimafrée prit son nom, probablement, d'un vieux mot français signifiant un ragoût composé de restes de viandes, ou un mets mal préparé, déplaisant.

Bobèche, bien plus remarquable, a laissé son nom comme prototype du farceur, comme qualificatif.

Si jamais votre mère vous appelait Bobèche, ainsi que fit la mienne, vous n'auriez qu'à consulter le dictionnaire du savant Littré, où vous liriez :

« Bobèche, nom d'un célèbre joueur de parades du temps de l'Empire et de la Restauration, habile à représenter les niais, et qui, dans le langage populaire, désigne un niais, un sot, un mauvais bouffon. »

D'où je conclus que, en réalité, Bobèche a illustré son nom !

POLICHINELLE

I

Quel est celui d'entre vous qui n'a pas énormément désiré un Polichinelle?

Dès vos premières années, vous avez couvé du regard ce jouet si coloré, si brillant, si joliment couvert de paillettes d'or, jusqu'à ce qu'on vous l'ait donné.

Puis, combien de fois, le faisant sauter, au moyen d'une ficelle attachée à son chapeau, vous avez chanté en riant :

> Pan ! pan ! qu'est-ce qu'est là ?
> C'est Polichinelle qui frappe,
> Pan ! pan ! quest-ce qu'est là ?
> C'est Polichinelle que v'là !...

Le bon type, assurément! Il possède une double bosse; un nez particulier, fort protubérant; un vaste chapeau tricorne; des jambes grêles avec de gros sabots; enfin un vêtement multicolore.

Toute sa personne attire l'attention, même celle des gens sérieux.

Polichinelle est presque toujours armé d'un bâton, avec lequel il bat sa digne épouse, ou ses créanciers, ou ses amis.

Polichinelle se distingue principalement comme danseur, et il exécute au mieux la « sabotière, » quand on lui fait poser ses pieds sur une table,

> Il marque à propos
> La m'sure avec ses sabots.

Mais, direz-vous, il s'agit là d'un petit bonhomme de bois, d'un simple joujou que l'on achète dans les bazars; il s'agit là même d'un Polichinelle en pain d'épices.

Je l'avoue. Je vous parle du Polichinelle qui est, pour les petits garçons, ce que la poupée est pour les petites filles.

Combien d'enfants sont les amis passionnés de leur Polichinelle, ne veulent pas s'en séparer, le placent à côté d'eux, dans leur lit, et désireraient vivre longtemps en sa compagnie, jusqu'à l'âge où ils commencent à le dédaigner, à le traiter du haut de leur grandeur !

II

— Il y a donc un autre Polichinelle ?
— Oui, mon ami, répondis-je à un jeune collégien qui faisait nombre parmi les messieurs de douze ans s'estimant trop âgés pour s'amuser encore avec le polichinelle

Polichinelle.

de bois, ou pour croquer le polichinelle de pain d'épices.

Le collégien me regarda d'un air d'incrédulité extrême.

— Certainement, ajoutai-je, il a existé, depuis bien longtemps, des Polichinelles en chair et en os, qui ont laissé chez tous les peuples des souvenirs ineffaçables.

— Je ne m'en doutais pas.

— Tenez, si vous le voulez, vous allez en connaître l'intéressante histoire, écrite par moi l'année dernière.

— Que j'aurais de plaisir à la lire ! s'écria mon interlocuteur.

J'allai droit à mon bureau, dont j'ouvris un tiroir, pour en tirer le manuscrit suivant, soigneusement attaché avec des faveurs roses.

A la vue des feuillets que je lui présentais, le collégien parut enchanté.

Comme il s'apprêtait à lire, je remarquai, en manière de préface, qu'aucun seigneur, qu'aucun potentat, qu'aucun écrivain de génie n'avait obtenu une renommée plus universelle et plus durable que celle de Polichinelle.

— Par exemple! se récria Jules (ainsi s'appelait le jeune élève de sixième).

— Voilà plus de deux mille ans que sa famille prospère. Il y a eu quelques changements dans les noms, et des branches diverses ont brillé parmi des peuples divers; mais le type est resté à peu près le même.

— Eh quoi! les aïeux de Polichinelle remontent à une si haute antiquité?

— N'en doutez pas, mon cher Jules, et ne vous étonnez pas si j'ai ajouté à ce nom celui de « Grand. »

— Ah bah !

— Il a conquis le monde ancien et moderne.

Jules s'assit, ouvrit le manuscrit, le plaça sur une table, pendant que je m'asseyais, moi aussi, devant mon bureau pour travailler ; et il lut avidement mon œuvre, publiée ici pour la première fois :

Histoire de Polichinelle le Grand.

III

« Il y avait, à Rome, un personnage de comédie improvisée, que l'on nommait le *Maccus*, et dont le caractère se composait de sottise, d'impertinence et de désordre.

« Le *Maccus* était à la fois vif, spirituel, insolent, un peu féroce. Il avait le nez crochu comme le bec d'un vautour, les jambes longues, le dos légèrement voûté, l'estomac proéminent, ce qui formait deux bosses, et de grosses chaussures reliées sur le cou-de-pied, ressemblant aux sabots.

« Il égayait les gens, surtout par ses gestes et par ses cris.

« Il imitait le chant des oiseaux et le piaulement des poulets.

« Pour arriver à cet effet, il employait un instrument que nous connaissons aujourd'hui encore, une « pratique, » c'est-à-dire un objet de métal dont les joueurs de marionnettes se servent pour changer leur voix, en parlant pour leurs acteurs.

« De là notre proverbe : — Il a avalé la pratique de Polichinelle, — quand on parle d'un homme qui a la voix enrouée.

« Le *Maccus* tenait à la main un gros bâton, avec lequel il frappait à tort et à travers, tantôt sur les passants, tantôt sur les officiers publics, tantôt sur son maître lui-même.

« Les théâtres païens disparurent des villes, mais Polichinelle continua de « pratiquer » sur les places publiques.

« Quand les théâtres reparurent en Italie, au seizième siècle, un comédien de valeur, ayant nom Silvio Fiorello, ressuscita le *Maccus* antique.

« Seulement, au lieu de *Maccus*, ce fut *Pulcinella* qui prit pied dans les parades napolitaines.

« Cela venait du surnom qui avait été donné par les Latins à *Maccus*.

« Pour bien établir que ce personnage était caractéristique, pour rappeler ses cris de volaille effrayée et son nez en bec d'oiseau, on l'avait appelé *Pullus gallinaceus*.

« Or ces deux mots signifiaient *poulet*, dont les Napolitains, par contraction, firent *Pulcino*, *Pulcinella*, *Pulliciniello*, et les Français *Polichinelle*...

« Pulliciniello portait un costume bizarre : une blouse blanche assez ample, serrée à la taille par une ceinture de cuir dans laquelle étaient passés un sabre de bois et une escarcelle. Il avait un pantalon large et plissé, il chaussait des souliers de cuir. Un chiffon d'étoffe blanche, avec bordure en galon vert, lui servait à la fois de collerette et de manteau. Son demi-masque, noir, était accompagné de longues moustaches et d'une barbe touffue. Pour coiffure, il avait une calotte blanche, que surmontait un énorme chapeau de feutre avec des ailes relevées de chaque côté.

« Non sans varier son costume, non sans

modifier son caractère, le type de Pulliciniello se répandit peu à peu.

« On le vit à Rome, à Florence, à Venise, à Bologne, à Milan et à Paris.

« Ici, il se montrait spirituel et méchant ; là, balourd et grossier ; partout, il produisait un effet extraordinaire, en montrant ses bosses plus ou moins développées.

IV

« Pulliciniello parcourut toute l'Europe, représenté par des comédiens forains.

« En Angleterre, il devint *Punch*, par abréviation de *Punchinello*, et Jack Pudding.

« L'Allemagne en a fait *Hanswurst* (Jean Saucisse) et Pulzinella.

« En Hollande, il a engendré *Toneelgek*.

« L'Espagne l'a anobli, — *Don Christoval Pulichinela*.

« Dans les pays de l'Orient, il existe, en réalité, sous le nom de *Karagheus*.

« Les Français ont adopté, choyé, élevé au pinacle *Polichinelle*, *Polichinelle le Grand*.

« Dans les parades, Polichinelle, quoiqu'il ne soit point de bois, ne doit jamais se reposer; il doit gambader, il doit exciter le rire par toutes les dislocations possibles; au besoin, il doit faire des tours de force.

« A Naples, on a applaudi pendant un quart de siècle, sous le costume de l'emploi, un ancien capitaine de cavalerie du roi Murat, un brillant officier que Napoléon Ier avait décoré, et qui fut réformé lorsque les Bourbons remontèrent sur le trône de Naples.

« Avait-il besoin de vivre ou endossait-il par goût l'habit de Pulliciniello? Nul ne le pourrait dire.

« Il fut l'idole des Napolitains, qu'il charmait de mille manières.

« Affectant la balourdise, ne parlant que très-peu, mais avec des expressions vives et mordantes, il avait un jeu de physionomie étonnant, dont son demi-masque ne cachait point les finesses.

« En carnaval on lui défendait de porter le masque et le costume. Pulliciniello, alors, imaginait de manger, dans un grand vase, des montagnes de macaroni. Il tirait comiquement les pâtes filantes, et, de toute la hauteur de son bras étendu, il s'amusait à les faire descendre dans sa bouche.

« Toute l'assistance riait à se tenir les côtes, et lui prodiguait des applaudissements frénétiques.

« L'officier-Polichinelle de Naples a amassé une brillante fortune.

« Ce que la bravoure n'avait pu lui procurer, son esprit et son adresse le lui fournirent amplement...

V

« Honneur au Polichinelle français ! Honneur à cet idéal de l'humeur gauloise, à cette figure populaire qui, sous forme de caricature vivante, réjouit d'une façon si complète les grands et les petits d'entre nous !

« Sa bosse de derrière date des temps mérovingiens, peut-être. L'habitude, en France, a toujours été de regarder un bossu comme un être éminemment spirituel ; et voilà pourquoi la bosse devint l'apanage des farceurs.

« Sa bosse de devant est un souvenir de la cuirasse bombée des hommes de guerre, ou des ventres à la poulaine qui l'imitaient.

« Son chapeau primitif, celui dont il se coiffait encore au dix-septième siècle, n'était autre que le chapeau dit « à la Henri IV. » Il l'a remplacé, depuis, par un tricorne.

« D'abord Polichinelle dansa sur les tréteaux ; il figura ensuite sur les théâtres de marionnettes, notamment parmi les acteurs en bois de Brioché, qui jouaient près du quai Conti, rive gauche de la Seine. Il chantait :

> Je suis Polichinelle
> Qui fait la sentinelle
> A la porte de Nesle.

« Et tous les gamins de Paris redisaient à qui mieux mieux ses couplets favoris :

> Je suis le fameux Mignolet,
> Général des Espagnolets.
> Quand je marche, la terre tremble :

C'est moi qui conduis le soleil,
Et je ne crois pas qu'en ce monde
On puisse trouver mon pareil.

Les murailles de mon palais
Sont bâties des os des Anglais ;
Toutes mes salles sont dallées
De têtes de sergents d'armées
Que dans les combats j'ai tués.

Je veux, avant qu'il soit minuit,
A moi seul prendre tout Paris.
Par-dessus les tours Notre-Dame,
La Seine je ferai passer ;
Des langues des filles, des femmes,
Saint-Omer je ferai paver.....

« Évidemment, ces couplets se rapportaient aux luttes que le roi Henri IV eut avec l'Espagne, et qui préoccupaient le peuple parisien.

« Polichinelle se conduisait en bon Français.

Polichinelle.

VI

« Devenu l'auteur aimé par excellence, Polichinelle trôna dans les spectacles en plein vent, aussi bien à la foire Saint-Germain qu'à la foire Saint-Laurent, ou chez des entrepreneurs habiles.

« Il raillait, il plaisantait sur toute chose ; chacun répétait ses railleries et ses plaisanteries, la foule accourait pour admirer ses gambades, pour applaudir à ses coups de bâton.

« Son succès fut tel que le Théâtre-Français, en 1721, obtint de l'autorité la fermeture des spectacles forains.

« Mais Polichinelle ne garda pas le silence ; il vengea Lesage, Fuzelier et d'Orneval, les fournisseurs ordinaires des théâtres qui avaient ému l'envie de l'Opéra, de la Comédie française et de la Comédie italienne, réunis pour frapper leurs rivaux incommodes.

« Lesage et ses collaborateurs traitèrent avec un entrepreneur de marionnettes, qui s'appelait Laplace. Ils firent peindre, comme enseigne, un grand Polichinelle, un Polichinelle plus grand que nature, et ils accompagnèrent son magnifique portrait de cette devise : « *J'en valons bien d'autres !* »

« En effet, notre héros inspira nombre d'auteurs, et le public put voir représenter tour à tour une foule de pièces : *Polichinelle Grand-Turc, Polichinelle colin-maillard, Polichinelle magicien, Polichinelle franc-maçon*, etc.

« Plus tard, un mime distingué, Ély, joua le rôle de Polichinelle à l'Académie de musique, et l'incomparable Mazurier, au théâtre de la Porte-Saint-Martin, atteignit la perfection dans son art d'imiter le polichinelle en bois, absolument comme un mécanicien essayerait d'imiter un homme au moyen d'un objet inanimé.

« Mazurier semblait fait de coton et de carton ; on eût dit que son visage était véritablement de bois ; il avait tant de supériorité dans ce rôle étrange, que les spectateurs, les enfants surtout, croyaient voir en lui une marionnette géante.

VII

« Les écrivains ont à l'envi chanté la vogue continue du grand Polichinelle.

« Le poëte Arnault a dit :

Quels succès par les siens ne sont pas effacés ?
Les *Roussel* passeront, les *Janot* sont passés !
Lui seul, toujours de mode, à Paris comme à Rome,
    Peut se prodiguer sans s'user ;
    Lui seul, toujours sûr d'amuser,
Pour les petits enfants est toujours un grand homme.

« Champfleury a composé, il y a quelques années, pour le théâtre des Funambules, quelques pantomimes où brilla Vautier, excellent Polichinelle de bois.

« Charles Nodier, un homme de goût et de science, s'est écrié, à propos de ce type populaire : « O Polichinelle, fétiche original
« et capricieux des enfants ! — grotesque
« Achille du peuple ! — modeste et puis-
« sant Roscius des carrefours ! — inappré-
« ciable Falstaff des âges infortunés qui
« n'ont pas connu Shakespeare !... »

« Enfin Charles Magnin, l'historien des marionnettes, a ajouté : « Ne serait-il pas
« à propos de réveiller un peu Polichi-
« nelle ?... Sourtout ne dites point que
« Polichinelle est mort : Polichinelle ne
« meurt pas. — Vous en doutez ? Vous ne
« savez donc pas ce que c'est que Polichi-

« nelle ? C'est le bons sens populaire, c'est
« la saillie alerte, c'est le rire incompres-
« sible. Oui, Polichinelle rira, chantera,
« sifflera tant qu'il y aura, par le monde,
« des vices, de la folie, des ridicules. —
« Vous le voyez bien, Polichinelle n'est pas
« près de mourir... Polichinelle est immor-
« tel ! »

« Il n'a pas amusé que les enfants, depuis son apparition sur la scène du monde. Il enchantait les loisirs de Pierre Bayle, l'érudit sceptique, et il avait le don de ranimer la verve du bon Lafontaine, quand l'inimitable fabuliste se laissait trop aller aux douceurs dangereuses de la paresse. »

VIII

Ici, en terminant la lecture de mon manuscrit, Jules manifesta une sorte de fatigue.

— Cela vous paraît très-sérieux, lui dis-je.

— Je ne croyais pas, répondit-il, que l'histoire d'un polichinelle en bois ou en pain d'épices pût avoir quelque chose à démêler avec la science.

— Il en est souvent ainsi, mon cher ami. Encore ai-je évité de relater dans mon travail les nombreuses variétés du type de Polichinelle, dont l'Italie, principalement, a été inondée.

— Ce n'est donc pas tout?...

— Il s'en faut de beaucoup. Vous voyez que les sujets en apparence les plus frivoles ont leur aspect grave, et que, pour bien connaître les origines d'une célébrité quelconque, il importe de creuser profondément.

— On s'en aperçoit, observa Jules.

— Eh bien, mon enfant, repris-je, pardonnez-moi l'attention que j'ai exigée de vous.

— Oh! monsieur, je répéterai, tant bien que mal, cette notice devant mon petit frère, lorsque, le premier jour de l'an prochain, je lui donnerai un polichinelle pour ses étrennes.

— Quel âge a-t-il, votre frère?

— Cinq ans.

— Attendez encore. Il lira plus tard l'*Histoire de Polichinelle le Grand* toute imprimée. Vous êtes déjà raisonnable, capable de comprendre certaines choses qu'un enfant de son âge trouverait fastidieuses. Je vous ai traité presque en homme, lorsque je vous ai communiqué mes élucubrations sur Polichinelle. Je n'abuserai pas de votre patience, et j'aurai soin, en traitant d'autres sujets, de ne pas trop me lancer dans l'érudition.

Jules sembla satisfait de mes observations, qui d'ailleurs flattaient son amour-propre.

Nous nous séparâmes contents l'un de l'autre.

J'espère, mes chers lecteurs, avoir obtenu le même succès auprès de vous.

Paillasse.

PAILLASSE

I

La foule se pressait, se bousculait, s'étouffait devant les tréteaux de maître Enluminé, qui tenait spectacle à Meudon, le jour de la fête patronale, solennité de premier ordre aux environs de Paris.

Il y avait, parmi les assistants, les élèves d'une pension de la capitale, très-attentifs, très-heureux d'entendre les lazzi des paradistes en pleine campagne.

De temps à autre, un éclat de rire homérique s'entendait, suivi d'un mouvement général, et terminé par un redoublement de curiosité.

Maître Enluminé annonçait, à la parade, qu'il possédait dans l'intérieur de son établissement des serpents ailés, des dragons marins, et des sauvages de l'Orénoque parlant plusieurs langues européennes.

Tout le monde le croyait sur parole.

— Entrez, messieurs et mesdames, criait-il à pleins poumons. L'entrée ne coûte que dix centimes. On ne paye qu'en sortant...

— Oui, si vous n'êtes pas contents, interrompait un jeune gars, vous ne donnerez que vingt centimes...

Et la foule de rire, à cette phrase singulière du Paillasse de la troupe. Car le jeune gars était le *gracioso*.

Paillasse portait un costume à carreaux rouges et blancs, fait de toile pareille aux anciennes paillasses de lit. Sa veste, son pantalon, et même la sorte de toque dont il était coiffé, se composaient de cette unique étoffe. Costume rudimentaire, que la mode n'a point changé.

Aussitôt que son maître ou plutôt son compère parlait, notre comique Paillasse lui coupait la parole, ainsi qu'on vient de le voir. Ce manque d'honnêteté semblait fort drôle.

Paillasse avait pour mission de faire rire le public aux dépens du gros Enluminé.

Tout à coup Paillasse dit à son compère :

— Monsieur, j'ai vu ce matin votre buste, en passant dans une rue de la grande ville de Meudon.

— Où donc, Paillasse de mon cœur, où donc as-tu vu mon noble buste ? Chez un sculpteur, n'est-ce pas ?

— Non, monsieur.

— Chez un mouleur, alors ?

— Vous n'y êtes pas, maître Enluminé... Vous allez d'errements en errements, vous tombez de canif en syllabe...

— Mais où donc, enfin, as tu vu mon buste cher Paillasse ?

— Je l'ai vu... je l'ai vu...

— Allons, parle, mon ami, tu vois que je suis impatient.

— Eh bien, je l'ai vu... chez un *chair-cuitier*.

Cette grosse plaisanterie obtint un succès énorme. On riait à se tordre.

Maître Enluminé, jouant l'homme à la fois mystifié et mécontent, s'écriait en haussant les épaules :

— Il faut convenir, Paillasse, que tu es un fameux animal.

Ce disant, maître Enluminé lançait quelques coups de pied à Paillasse, qui regimbait.

Une salve d'applaudissements prouvait, à l'instant, que le public partageait l'avis de maître Enluminé.

II

Lorsque la parade fut terminée, Paillasse remplit un autre rôle, pour lequel il ne faisait qu'un avec son compère :

— Mesdames et messieurs, ne vous arrêtez pas aux bagatelles de la porte. Entrez, entrez. Nos serpents ailés sont tout à fait miraculeux ; nos dragons marins défient ceux du troisième régiment en garnison à Meudon ; nos sauvages sont plus civilisés que les Parisiens... Entrez vite, il n'y aura pas de place pour tout le monde !

Pendant la première exhibition, une foule nouvelle se forma ; les spectateurs sortirent de la baraque, et une autre parade commença, pour attirer encore des curieux payants, pour pousser aux grosses recettes.

Cette fois, Paillasse joua le personnage de niais.

— Paillasse, viens ici, mon ami, s'exclamait le père Enluminé. Ne m'as-tu pas dit que tu venais de voyager?

— Oui, mon maître. Je sors de voyager dans la marmite.

— Tu as voyagé dans la marmite? Tu veux dire dans l'Amérique, Paillasse?

— Oui, monsieur, dans l'Amérique... dans la suie...

— Imbécile!... dis donc dans l'Asie...

— Oui, dans l'Asie, vers l'hydropique du Cancer...

— Vers le tropique du Cancer.

— C'est juste, observait Paillasse, d'un air magistral. Dans ce pays-là, ajouta-t-il, j'ai traversé dix-sept lieues de moutarde sans éternuer... vers les cannes à dards.

— Vers le Canada... Qu'il est bête ! s'écriait maître Enluminé, en s'adressant aux spectateurs, tout à fait réjouis.

Paillasse continuait à débiter ses niaiseries :

— Je suis allé chez mademoiselle Virginie, mademoiselle Cécile, mademoiselle Malaga.

— Dans la Virginie, dans la Sicile, à Malaga... Dis-nous, l'ami, comment tu as voyagé.

— Par mer, dans de vieux sceaux.

— Dis donc dans des vaisseaux.

— Oui ; une fois en pleine mer, nous

avons été assaillis par un ours à gant... à gant noir...

Maître Enluminé traduisit pour le public :

— Il veut dire un ouragan.

Puis, l'entrepreneur du spectacle fit cette injonction à Paillasse :

— Invite bien la compagnie, mon ami, à entrer voir les choses extraordinaires qui se trouvent ici dedans. Etonne-la par le catalogue de nos merveilles.

Paillasse bondit, et, aussi brusquement que possible :

— Hé ! les autres... entrez !... cria-t-il d'une voix de stentor.

Enluminé lui donna un coup de pied et répéta :

— Il faut convenir, Paillasse, que tu es un fameux animal. Est-ce ainsi que l'on engage une aimable société ?...

—Vous avez raison... Je me suis trompé... Holà ! entrez, les autres !

Maître Enluminé feignit la colère.

Pour terminer cette parade, il poursuivit Paillasse jusque dans l'intérieur de la baraque, où d'ailleurs pénétrait le public alléché.

III

Je viens de vous montrer, jeunes amis lecteurs, une des variétés du Paillasse, celle que vous rencontrez le plus souvent quand vous allez en promenade, lorsque votre maître d'étude vous permet de devenir un spectateur de parades foraines.

Ce personnage ne date pas, comme Polichinelle, d'une haute antiquité.

Non, Paillasse parut pour la première fois sur le théâtre de Nicolet (ancienne

Gaîté), au boulevard du Temple, à Paris.

Dans une pièce tirée du *Festin de Pierre*, un des chefs-d'œuvre de Molière, dans une pièce composée à l'adresse de la jeune noblesse corrompue, on vit, — notez-le bien, — Paillasse remplacer Sganarelle.

Paillasse, en conséquence des débordements de son maître, était devenu tellement misérable qu'il se vêtait avec la toile trouée d'un vieux matelas, pour accomplir des exercices d'équilibriste et d'escamoteur.

Son costume ne différait point de celui qu'adoptèrent les joueurs de gobelets et les faiseurs de tours, habitués à pratiquer sur les places publiques de Paris.

Le paillasse du boulevard du Temple, personnifié dans le père Rousseau, avait une figure pleine, rouge et bourgeonnée. Il connaissait, reproduisait et excitait la gaieté du peuple. Ses chants, ses gestes, ses contorsions impossibles, la mobilité surprenante de sa physionomie, sa voix rauque et brisée, tout en lui captivait la foule.

On restait des heures entières à contempler le père Rousseau, ce Paillasse de génie; on bravait le chaud et le froid pour l'entendre chanter :

> C'est dans la ville de Bordeaux
> Qu'est zi arrivé trois gros vaisseaux,
> Les matelots qui sont dedans,
> Ce sont, ma foi ! de bons enfants.

Telle était la réputation du père Rousseau, au commencement de ce siècle, qu'elle ne redoutait pas les triomphes des plus célèbres comédiens ou artistes lyriques, des Le Kain ou des Laïs.

Aussi je me rappelle que, dans ma jeunesse, mon oncle me disait toujours, avec un certain air de compassion :

— Tu n'as connu ni Laïs ni le père Rousseau, mon cher Augustin... Je te plains sincèrement.

IV

Le spirituel Brazier a écrit, en parlant des petits théâtres :

— J'ai vu les débris, moi, du père Rousseau, de ce bon gros Paillasse, et je me suis courbé respectueusement devant lui.

Cette illustration du boulevard tenait le milieu entre le Paillasse des parades et le Paillasse des spectacles d'acrobates.

Ce dernier, mes amis, ressemblait quelque peu aux clowns du cirque, dont les culbutes sont parfois si amusantes, et qui ont eu Auriol pour initiateur.

Son chef de famille s'appelait Becquet, qui charmait le public pendant les entr'actes, chez Nicolet, directeur de marionnettes.

Ce théâtre possédait un remarquable assemblage d'équilibristes, multipliant les culbutes, les grands écarts, les ascensions de chaises et les sauts périlleux.

La vogue de Nicolet était devenue immense. L'usage était de dire : « De plus fort en plus fort, comme chez Nicolet. » On donnait ainsi l'idée de choses merveilleuses.

L'impresario exhibait jusqu'à des joueurs de tambour de basque et des tourneuses épileptiques.

Or Paillasse-Becquet se posait en loustic, en bouffon perpétuel ; il parodiait grotesquement les sauts et les gambades des danseuses de corde, leurs poses gracieuses et leurs saluts ultra-respectueux. Cela passait tellement en habitude que la funambule, après un exercice, ne manquait jamais de lui dire :

— A ton tour, Paillasse !

Ces mots sont devenus proverbe, comme la phrase sur Nicolet.

Du petit théâtre Paillasse descendit sur la place publique, où vous le voyez encore revêtu de la classique toile à matelas, n'ayant ni masque, ni farine sur le visage.

Au moment où je vous parle, sur le boulevard de la Râpée, près du pont d'Austerlitz, peu de journées s'écoulent sans que des saltimbanques établissent leur scène ambulante.

Et leurs artistes ne jouent pas dans le désert.

Ils dressent des poteaux peints, auxquels une corde est attachée ; ils étendent par terre une manière de tapis rapiécé ; ils disposent çà et là des chaises de bois, assurément faites exprès pour les équilibristes. Enfin, groupés autour d'un homme qui joue de l'orgue de Barbarie ou tape avec frénésie sur une grosse caisse, ils annoncent aux passants leurs représentations.

Un cercle se forme, — des militaires, des bonnes, des écoliers, des apprentis que leurs patrons ont envoyés en course, et bon nombre de bourgeois et de bourgeoises, tenant par la main leurs enfants.

— Paillasse, dit le chef de la troupe, faites élargir le cercle de nos honorables spectateurs. Que chacun puisse voir à son aise.

Paillasse remplit son office avec conscience, adresse quelque grossière plaisanterie à tel badaud, prie celui-ci de reculer, celui-là d'avancer, puis revient vers le groupe des exécutants, en déclarant :

— Patron, on peut commencer.

V

Aussitôt a lieu le défilé des artistes.

Mademoiselle Martha danse sur la corde aux applaudissements des amateurs, des prétendus connaisseurs.

— Ça n'est pas difficile ; j'en fais autant, s'écrie Paillasse, en imitant la ballerine populaire.

Mais il manque son coup, volontairement. Les assistants se mettent à rire ; la farce est jouée ; Paillasse a réussi.

S'il s'agit de monter sur une chaise pour exécuter des tours de force ou d'adresse, Paillasse tombe fréquemment sur le dos, en souriant de la façon la plus cordiale, lors même qu'il s'est fait quelque mal.

Le public rit encore. Donc, Paillasse a encore réussi.

Sa principale affaire, c'est de sauter. Si les sous abondent dans l'assiette de fer-blanc placée près de l'orchestre, le patron crie :

— Saute, Paillasse.

L'artiste saute, se replie sur lui-même, place sa tête en bas et agite ses pieds dans l'air.

De même entre chaque exercice.

Il me souvient, chers amis, d'avoir assisté à une scène singulière en ce lieu, un jour que je venais du Jardin des Plantes et me rendais à la place de la Bastille.

Je m'arrêtai devant les saltimbanques. A peine faisais-je partie du cercle des spectateurs, que Paillasse exécuta une héroïque culbute sur le tapis. Retombé sur ses pieds, notre jeune déhanché saluait ses admirateurs, quand soudainement un gros monsieur, que je sus bientôt être un boutiquier d'Orléans, s'écria avec colère :

— Comment ! c'est toi, Gustave !

Paillasse faillit tomber à la renverse. Dans l'homme qui l'interloquait, il avait reconnu son père !

Celui-ci s'approcha, saisit notre artiste par l'oreille, adressa quelques paroles au patron du groupe, et entraîna Paillasse, tout costumé, jusqu'à la station de voitures la plus voisine.

Le public comprit bien vite, sans aucune explication, que Paillasse avait fait l'école buissonnière, qu'il avait quitté le domicile paternel, à Orléans, et que, pressé par la faim, peut-être, il s'était engagé parmi ces saltimbanques.

— En voilà un qui fera son chemin dans le monde! observa un gamin. Il sait sauter!

C'était le mot de la fin, comme on dit dans les journaux de reportage.

VI

Le talent des Paillasses, comme sauteurs, a inspiré plus d'un trait satirique.

En effet, on a considéré ces acrobates d'un genre spécial comme les patrons d'individus qui, toujours prêts à se retourner dans tous les sens, multiplient les cabrioles en l'honneur des parvenus.

Qu'on leur promette un bel emploi, — ils sautent ; qu'on fasse luire à leurs yeux l'espérance de la fortune, — ils sautent ; qu'on soit puissant, qu'on leur commande l'enthousiasme, — ils sautent, ils sautent toujours.

— Ce sont des Paillasses, disent les hommes à conviction.

Béranger, dans une chanson célèbre, les a dépeints avec ce refrain :

> N'saut' pas à demi,
> Paillass' mon ami,
> Saute pour tout le monde.

Ce personnage n'existe plus au théâtre, mes amis. Pourtant, il a été remplacé par les clowns, comme les procureurs par les avoués.

Dans un grand drame, joué à la Gaîté, il y a quelques années, l'admirable acteur Frédérick-Lemaître jouait le rôle de *Paillasse* et savait arracher des larmes aux spectateurs.

Sous son habit de toile à matelas, ce personnage avait un cœur plein de noblesse ; il aimait sa famille ; il était prêt à tous les dévouements ; enfin il succombait, étreint par une horrible misère.

Rien de plus réel. Combien de gens qui rient sans cesse dans les parades, afin de gagner quelques sous, subissent d'épouvantables épreuves !

Ces déclassés, parfois, se repentent cruellement d'avoir cédé à de mauvais conseils ; mais, le plus souvent, ils sont Paillasses de père en fils ; Béranger ne l'ignorait pas :

> J'suis né Paillasse, et mon papa,
> Pour m'lancer sur la place,
> D'un coup d'pied queuqu'part m'attrapa.
>   Et m'dit : Saute Paillasse !

PIERROT

I

Comme Pantin, mes amis, et en faisant une légère variante, je suis tenté de vous dire, au début de ce chapitre :

> Que Pierrot serait content,
> S'il avait l'art de vous plaire !

J'agirai de mon mieux, et j'espère d'autant plus y réussir que ce mortel enfariné est généralement sympathique, et que chacun de vous a entendu parler de son illustre représentant, Jean-Baptiste-Gaspard Deburau ou Debureau, artiste funambule-mime, dont le talent émerveilla tout Paris, de l'année 1830 à l'année 1846.

Pierrot.

Ainsi que Polichinelle, Pierrot a beaucoup d'aïeux, surtout des aïeux italiens.

Il est un des personnages les plus goûtés, les plus populaires de cette comédie italienne qui a fait le tour du monde, en laissant çà et là des traces de son passage.

Dès la fin du seizième siècle, à Florence, on applaudissait *Gian-Farina*, ou Jean-Farine, au visage blanchi, aux vêtements blancs, portant le manteau, et armé d'un sabre de bois.

S'enfariner, c'était déjà la coutume des farceurs français. « Ces hommes de vile condition, observe Montaigne, qui cherchent à se recommander par des sauts périlleux et autres mouvements étranges et basteleresques... avoir besoin de s'enfariner le visage, se contrefaire en mouvements de grimaces sauvages pour nous apprêter à rire. »

On paradait avec

> Le front, la joue et la narine
> Toute couverte de farine.

Pierrot, Italien ou Français, et quel que fût son nom, avait un caractère unique. Il se faisait remarquer par sa stupidité, son étourderie et sa maladresse; par ses habitudes de conseiller toujours les mesures les plus hardies, quand sa poltronnerie était insigne. Il tombait sans cesse et entraînait avec lui son vieux maître, qu'il avait l'air de soutenir.

C'était une sorte de valet épais, balourd et bête.

Gros-Guillaume, le barbouillé, comme on disait alors, intronisa le personnage de Pierrot sur la scène de l'hôtel de Bourgogne, de l'hôtel dont on voit encore des débris dans la rue de Turbigo.

Gros-Guillaume avait exercé la profession de boulanger, — coïncidence bizarre; — il portait, au théâtre, une blouse en toile blanche, un pantalon à larges raies de couleurs voyantes, et un bonnet rouge. Son ventre était fait en calebasse.

Pierrette, sa femme, se vêtit aussi de blanc, s'enfarina aussi le visage.

« Il fallait, remarque Édouard Fournier, il fallait, de toute nécessité, un imbécile pour les besoins du répertoire, pour les jeux de scène des acteurs, pour les menus plaisirs du public. Un bon hasard, inspiré par Molière, le mit au monde un beau jour: ce fut Pierrot. »

II

Le grand Molière a baptisé Pierrot, en donnant ce nom à un paysan de *Don Juan ou le Festin de Pierre*.

A partir de ce moment, Pierrot eut sa place dans la comédie italienne comme dans la comédie française. Nombre d'acteurs devinrent célèbres en représentant ce type, et, sur les théâtres forains, les Pierrots abondèrent, toujours prompts à morigéner bêtement leurs maitres.

Tantôt ils parlaient, tantôt ils jouaient simplement la pantomime.

L'uniforme blanc des gardes françaises rappelait un peu leur costume. Aussi le populaire appelait-il ces soldats « des pierrots. »

PIERROT. 73

— Tiens ! disaient les gamins, voilà des pierrots.

De plus, ces petits Parisiens moqueurs se mettaient à imiter le cri du moineau, lorsqu'ils voyaient passer un garde-française.

— Piou-piou, criaient-ils.

Cette moquerie eut pour résultat de faire donner le sobriquet de *piou-piou* aux soldats de l'infanterie française, sobriquet encore employé de nos jours.

La vogue de Pierrot fut consacrée d'une manière durable par la fameuse chanson-duo que vous connaissez tous, chers lecteurs, et qui commence ainsi :

> Au clair de la lune,
> Mon ami Pierrot,
> Prête-moi ta plume,
> Pour écrire un mot, etc.

Ce type servait à toutes les petites pièces, à toutes les arlequinades, à toutes les parades.

Les peintures de Watteau l'avaient illustré d'une façon ravissante.

Il fallait aux spectateurs un mime enfariné donnant ou recevant les taloches avec un flegme imperturbable, se mordant le doigt dans les circonstances difficiles, tirant la langue par derrière aux gens qu'il avait dindonnés.

Peu à peu, le caractère du personnage changea...

« Pierrot, dit Théophile Gautier, Pierrot, pâle, grêle, vêtu d'habits blafards, toujours affamé et toujours battu, représenta l'esclave antique, le paria, l'être passif et déshérité qui assiste, morne et sournois, aux orgies et aux folies de ses maîtres. »

Cette phrase avait été inspirée à l'écrivain par un artiste de notre temps, par le Talma des Funambules, par Jean-Baptiste-Gaspard Deburau, né à Neukolin, près de Prague, en Bohême. Oui, Deburau naquit... en Bohême, dans le pays des Zingari.

Le théâtre des Funambules, fondé en 1816 par un certain Bertrand qui voulait faire concurrence, sur le boulevard du Temple, au spectacle dont l'acrobate madame Saqui était l'héroïne, plut étonnamment aux amateurs de chiens savants, de danseuses, de parades et de pantomimes.

Le mime Charigny s'y était d'abord distingué en Pierrot.

Mais cette gloire s'éclipsa bien vite devant la gloire naissante de Deburau qui, dès 1825, reçut les applaudissements de tout le monde, illettré ou lettré.

III

Deburau ! A ce nom, que de souvenirs chez les hommes de la génération qui vous a précédé !

Collégien, apprenti, commis, étudiant, bourgeois, écrivain, militaire, savant, magistrat même, chacun admirait le Pierrot des Funambules.

Il était une des curiosités de Paris, cet artiste si consciencieux dans ses nombreux rôles.

Le théâtre ne désemplissait pas. Et pourtant, combien cette célébrité presque incontestée coûtait peu au directeur ! Il faut en donner une idée.

Par son engagement de trois ans (décembre 1826), Deburau devait « jouer tous les rôles ; danser et figurer dans les ballets, divertissements, marches, pantomimes et toutes autres pièces; faire les combats. »

Pour tout cela, pour ces métamorphoses incessantes, pour ce talent de Protée, il touchait trente-cinq francs par semaine, c'est-à-dire cinq francs par soirée.

Ces modestes appointements suffisaient à Deburau, qui cependant trônait au boulevard, et dont la biographie devient, pour nous, celle de Pierrot lui-même depuis les dernières années de la Restauration.

Deburau avait ressuscité Pierrot, oublié, presque mort durant une longue période de temps.

Quelques hommes d'esprit, quelques fantaisistes, Charles Nodier à leur tête, admirèrent franchement les aventures carnavalesques du factotum des *Funambules*. La mode s'en mêla, car la mode se mêle de tout.

Quand les médecins ne savaient plus que faire pour obtenir la guérison de leurs malades, ils leur disaient :

— Allez voir Pierrot !

Ce facile remède l'emportait, souvent, sur tous les autres.

Un peintre distingué exposa au Salon le portrait de Deburau-Pierrot, devant lequel s'amassait la foule.

Le spirituel Jules Janin publia l'*Histoire du théâtre à quatre sous*, c'est-à-dire des *Funambules, pour faire suite à l'Histoire du Théâtre-Français*.

C'était en 1833. Janin signalait Deburau à toute la gent lettrée.

Dans le public enthousiaste, parmi les hommes et les enfants, le nom de Deburau trouvait toujours sa place à la fin des conversations.

— Deburau est un grand artiste, disait l'un.

— Deburau n'a pas son pareil, déclarait l'autre.

A peine quelques gens moroses et trop puristes, s'élevaient-ils contre les rayonnements de cette gloire, en observant :

— Pierrot excelle dans un genre à part... mais combien d'acteurs le surpassent !

— Pierrot ne serait pas déplacé sur une scène plus élevée, répondaient les admirateurs de Deburau.

Celui-ci écouta les flatteurs ; il voulut être plus qu'un amuseur des rues, ou du boulevard qu'il eût dû regarder comme sa véritable patrie.

Il se hasarda à jouer dans le *Lutin fe-*

melle, au Palais-Royal (1832), pour un bénéfice.

Hélas! tout son talent de mime échoua devant l'indifférence obstinée du public. Pierrot revint bien vite à son élément, au boulevard du Temple, dont il ne s'éloigna plus.

IV

Acteur et auteur, comme il convient à un forain de race, Deburau travailla dans de nombreuses arlequinades. Il accomplit une œuvre presque entièrement anonyme.

Qui donc, parmi les enfants de Paris, ne connaissait pas, n'avait pas applaudi *le Bœuf enragé, Ma Mère l'Oie, la Mauvaise Tête, le Billet de mille francs,* et *les Noces de Pierrot*, jouées plus de cinq cents fois!

Comme on le goûtait, au boulevard, cet ar-

tiste populaire ! Les anecdotes pleuvaient sur son compte. On l'adorait.

Chacun le lui prouva bien lorsque, cédant à un terrible mouvement de colère, il lui arriva de tuer, d'un coup de canne plombée, un jeune homme qui l'avait insulté (1836).

Ce jeune homme s'était cru en droit de manquer de respect à Deburau, parce qu'il le considérait comme un bateleur, comme un amuseur des rues, — dont on peut se moquer impunément, ce qui, remarquez-le, est du plus mauvais goût.

Voici comment se passa le fait. Il émut bientôt toute la ville :

Par une douce et brillante matinée d'avril, Deburau voulut sortir de Paris, savourer un peu les douceurs du printemps, s'ébattre à la campagne, si attrayante quand apparaissent les premiers bourgeons de la vigne, et quand les rayons du soleil commencent à être ardents. Les Parisiens quittent alors leur cage ou leur prison.

Pierrot n'avait pas encore fait un long chemin. La canne à la main, en véritable promeneur, il traversait Belleville, qui formait alors un pays de banlieue, et non pas seulement un quartier de la capitale.

Il passait près d'un groupe. On le reconnut, on le regarda avec cette curiosité qu'excite ordinairement, chez les badauds, la rencontre des gens de théâtre.

— Voilà Deburau ! s'écria un garçon du groupe, un jeune ouvrier aux manières trop délibérées.

Deburau trouva la chose inconvenante. Il ne plaisantait guère en dehors de la scène, et il n'acceptait pas les avanies, les scies qu'on voulait lui faire.

— Hé! Pierrot! Hé! cria encore le jeune ouvrier, moitié rieur, moitié goguenard.

Pierrot, peu endurant, riposta par un solide coup de poing, réellement appliqué, au lieu de l'être par geste, comme au théâtre.

Cela fait, il continua sa route.

Par malheur, quelques heures après cette première rencontre, le mime et l'ouvrier se retrouvèrent en face l'un de l'autre.

Le jeune homme, cherchant à se venger du coup de poing par lui reçu, recommença ses mauvaises plaisanteries.

L'imprudent se mit pour ainsi dire à la poursuite de Deburau, en gouaillant de plus belle :

— Pierrot! dis donc, Pierrot! ne cessait-il de s'exclamer, avec un ton qui irrita au plus haut degré l'artiste des *Funambules*.

Celui-ci, poussé à bout, perdant le sang-froid, se retourna vivement et asséna sur la tête du provocateur un coup de sa canne plombée.

Aussitôt le malheureux jeune homme tomba.

Pierrot l'avait tué ! Deburau, habile bâtonniste, avait frappé trop juste.

V

En apercevant sa victime inanimée, notre acteur passa soudain de la plus violente colère au plus profond abattement.

Il se reprochait avec amertume cet acte, dont les résultats devenaient si funestes.

Tel était son égarement qu'il ne put répondre à l'interrogatoire que les hommes de justice lui firent subir.

— Mon Dieu! s'écriait-il, comment ai-je pu frapper ainsi ce jeune homme!... Il ne méritait pas cette correction... Je suis coupable!... J'ai tué cet ouvrier!... Moi, j'ai tué quelqu'un !

Un procès criminel s'instruisit. Mais de tous les côtés on sollicita pour Deburau.

Des députations se rendirent chez l'accusé, à la prison de Sainte-Pélagie, où il était préventivement détenu.

Pierrot fut acquitté. Le boulevard du Temple se mit en fête. La douleur de Pierrot avait été si véritable !

A quelque temps de là, tout à coup la police parla de fermer les *Funambules*. Il y avait, déclarait-elle, trop de petits théâtres. Les Parisiens s'amusaient trop.

Quoi ! Pierrot quitterait ses planches ! personne ne le verrait plus ! Non, non. Madame George Sand sait le défendre. Sa voix éloquente est écoutée.

La salle de spectacle à quatre sous, aussi bon marché, peut-être, que bien des théâtres en plein air, continua d'ouvrir ses portes.

Mais Deburau n'en avait pas pour longtemps à porter la farine. Malade, il joua jusqu'à ce qu'il fût à bout de forces.

Le rôle de Pierrot avait ses dangers. Comme Deburau était tombé dans une trappe et s'était blessé, lors d'une représentation des *Épreuves*, le public, manifestant une vive inquiétude, ne voulut pas qu'il achevât son rôle.

Mais l'artiste résista. Pierrot fit comprendre facilement, au moyen de gestes expressifs, « qu'il avait trop de cœur pour s'arrêter. »

Et il finit la pièce, de manière à mériter une triple salve d'applaudissements.

Madame George Sand, qui assistait à cette mémorable représentation, envoya le lendemain demander des nouvelles de Deburau.

Le vaillant mime, flatté par cette attention délicate, adressa à l'illustre écrivain une lettre dont vous lirez avec plaisir cette phrase exquise :

« Je ne sais en quels termes vous exprimer ma reconnaissance. Ma plume est comme ma voix sur la scène, mais mon cœur est comme mon visage, et je vous prie d'en accepter l'expression sincère. »

Peu de temps après, le 18 juin 1848, Deburau rendit l'âme. Pierrot disparut à jamais.

On peut dire que le boulevard du Temple, tout entier, porta le deuil et manifesta sa douleur.

Le fils de Deburau hérita de l'emploi de son père ; il montra aussi un talent rare. Paul Legrand, élève du grand Pierrot, fit honneur à son maître.

Pourtant, soit que le règne de ce type fût passé, soit que la foule eût désappris le chemin des *Funambules,* ce théâtre ne survécut pas beaucoup à Jean-Baptiste-Gaspard Deburau.

A peine notre ami Champfleury se fut-il avisé d'y exhiber *Polichinelle,* que les *Funambules* s'exilèrent sur le boulevard de Strasbourg.

Cet exil ressembla à une mort anticipée. Les Parisiens ne se dirigèrent pas vers la nouvelle salle.

Le temple de Pierrot n'a plus de prestige, et vous n'avez jamais vu, sans doute, le mime enfariné du théâtre qui, pendant de longues années, attira toutes les classes de la capitale, les provinciaux et les étrangers.

VI

Durant le temps que Deburau joua sur la scène des *Funambules,* la vogue s'attacha à Pierrot, et les imitateurs pullulèrent.

Non-seulement on en vit sur la plupart des petits théâtres, mais les places publiques et les rues furent exploitées par nombre de mimes, portant le costume blanc à longues manches, ayant la figure couverte de farine, et se distinguant par des gestes et des grimaces qui rappelaient d'une manière excessive le jeu de celui qui avait donné tant de vie au personnage de la Comédie italienne.

Le chansonnier qui a retracé les admirations de la foule en maintes circonstances, Béranger, qu'il faut souvent citer quand on parle des amuseurs de la rue, écrivit :

> Pierrots et paillasses
> Charment sur les places
> Le peuple ébahi.

Chaque troupe de saltimbanques eut un Pierrot, — un Deburau au petit pied.

Pierrot, dans son mutisme obligé, appelait à son aide la grimace pour désopiler la rate des passants. Pierrot faisait les yeux blancs, tirait la langue, étendait ses grands bras, cherchait à s'administrer à lui-même des coups de pied ; en un mot, il remplaçait le dialogue avantageusement, par une pantomime accentuée.

Quelle que fût la faiblesse de ses moyens, rarement Pierrot manquait son but. Il enlevait presque toujours à Paillasse la palme du succès, et, sûr des sympathies du public, il n'avait qu'à se démener un peu pour produire un effet considérable.

Ajoutons que, dans les bals costumés de l'époque, les Pierrots se montraient par centaines.

Le vêtement était commode pour les danseurs, et il ne coûtait pas cher : on ne craignait pas de le gâter ; il défiait la poussière.

Les Pierrettes se mirent aussi à envahir les bals.

Nul doute qu'il ne vous tombe un jour sous la main des albums dessinés par Gavarni, le charmant créateur de séries si artistiques et si spirituelles. Vous y admirerez ses pierrots malicieux, pleins de grâce et d'enjouement.

L'enseigne des *Deux Pierrots*, que porte encore un magasin de nouveautés, à Paris, sur la rive gauche de la Seine, près du Petit-Pont, reproduit une des œuvres de ce peintre regretté.

Mais terminons en reconnaissant que, aujourd'hui, Pierrot n'existe plus, ou qu'il apparaît bien rarement sur nos places publiques.

Quelque nouveau mime célèbre, quelque descendant inspiré de Deburau le ressuscitera-t-il? Nous n'osons l'espérer.

A peine, dans les foires départementales, les paysans le voient encore contribuer aux farces de la parade.

Ils ignorent, ces paysans dont Pierrot s'efforce d'exciter le rire, que le nom de

Pierrot est un simple diminutif du nom de Pierre, et que primitivement ce nom propre a été transformé en nom générique du paysan.

L'ESCAMOTEUR

I

— Mesdames et messieurs, je m'appelle Miette, et je suis propriétaire de l'incomparable « poudre persane, » que vous trouverez ici près, rue Dauphine... Oui, à deux pas.

Et Miette l'escamoteur, dont la table était placée en face de l'ancien marché aux volailles, sur le quai des Grands-Augustins, à peu de distance du Pont-Neuf, étendait le bras droit dans la direction de la rue Dauphine, en ajoutant :

— Si vous êtes satisfaits de mes petits talents, vous irez acheter de la poudre per-

L'Escamoteur.

sane, vendue à un bas prix fabuleux, messieurs et mesdames. C'est moi qui vous l'annonce.

Inutile de dire ce que l'on voyait sur la table du père Miette, quand il allait opérer.

Des gobelets en fer-blanc, des muscades et divers objets qui se trouvent aussi dans les boîtes de physique amusante que vos parents vous donnent, le premier jour de l'an, étaient mêlés à d'autres ustensiles dont le roi des escamoteurs en plein vent faisait, je vous assure, un usage merveilleux.

Il y avait, sur un des coins de la table, le « sac à la malice. »

Le sac à la malice! Comme le père Miette en parlait avec complaisance, avec orgueil! Le sac à la malice était confectionné avec de la toile bleue, que l'usure et le blanchissage avaient rendue à peu près grise.

Nos regards ne quittaient pas le sac à la malice. Grâce à lui, il nous était donné de voir accomplir les tours les plus amusants.

Miette n'avait point d'escorte, ni d'apparat, ni de musique. Il semblait déclarer au public qu'il faisait comme la *Médée* de Corneille :

— Moi, dis-je, et c'est assez !

Que le pavé fût brûlant, humide ou poudreux, Miette accomplissait tous ses exercices de prestidigitation, sans s'émouvoir le moins du monde.

Vous le voyiez sortir de la boutique d'un marchand de vin, vêtu avec une simplicité de Spartiate, les manches relevées jusqu'aux coudes, ayant une gibecière qui pendait sur sa poitrine, portant une casquette d'étoffe bleue..

Il marchait d'un air capable, et s'avançait vers la table boiteuse qu'il avait installée près du Pont-Neuf, ainsi que je viens de vous le dire.

Donc, après avoir frappé cette table avec sa baguette, et après avoir annoncé au public sa poudre persane, Miette pensait à faire son préambule en action.

Il prenait les gobelets de fer-blanc, les rangeait, les dérangeait, les choquait l'un contre l'autre, les introduisait l'un dans l'autre avec le plus de fracas possible.

Ce bruit ressemblait aux trois coups frappés sur la scène, au moment où la toile va se lever. Il parlait aux spectateurs.

Encore quelques chocs de gobelets, afin de laisser aux curieux le temps de s'amas-

ser. Ces préliminaires étaient indispensables.

Une fois le cercle formé, Miette se promenait autour de la société, donnait les meilleures places aux gens bien mis, et repoussait les gamins jusque dans les derniers rangs de la foule, parce que les gamins sont de mauvaises pratiques, parce que les gamins sont trop turbulents.

Si l'un d'eux murmurait :

— Attends, attends, mon gaillard, s'écriait Miette, si tu bouges, je m'en vais t'escamoter... *illicò*.

— Ah ! ah ! répondait la société, gaussant à la menace de l'escamoteur.

Le gamin, quelque peu effrayé, restait tranquille à la place qu'on lui avait désignée.

Personne n'essayait de troubler l'ordre

nécessaire aux tours de passe-passe.

Miette recommençait son manége, frappait ses gobelets, faisait sauter sa baguette et débitait, pendant ce temps, bon nombre de facéties d'un goût douteux, mais qui plaisaient à ce public, habitué à « sa manière. »

II

Invariablement, au début de ses tours, Miette disait avec un sourire goguenard:

— Messieurs, rien dans les mains, rien dans les poches. Voyez... regardez bien.

Et il élevait ses deux bras au-dessus de sa tête. Il agitait ses mains aux doigts allongés.

Comme il travaillait le plus souvent en manches de chemise, quand la saison n'était pas trop rigoureuse, cette déclaration ne laissait aucun doute dans l'esprit des curieux.

On avait bien devant soi un honnête escamoteur, — et, selon plusieurs personnes très-naïves, un véritable sorcier.

Bientôt Miette plaçait du bout des doigts une petite balle de liége sous un gobelet :

— Vous voyez : le premier s'appelle *passe*, faisait-il observer, tout doctoralement.

Il mettait une autre petite balle de liége sous un autre gobelet, et disait :

— Celui-ci également *passe*.

Il couvrait une dernière petite balle de liége avec son troisième gobelet :

— Et le troisième *contre-passe !* annonçait-il.

Miette faisait une pause ; puis il ajoutait :

— Et maintenant, avec un peu de poudre de perlinpinpin, nous ne retrouverons pas plus de boules sous les gobelets que dans le creux de ma main... Partez, muscades !

Ces petites balles de liége s'appelaient *escamotes ;* de là vient le nom d'escamoteur.

Miette et ses confrères les appelaient aussi *muscades*, parce qu'elles avaient la grosseur de ces graines odorantes.

Aussitôt que les mots : *Partez, muscades!* avaient été prononcés, nous demeurions ébahis ; nous attendions les effets de l'éloquence déployée par l'escamoteur ; nous écarquillions les yeux, ni plus ni moins que le dindon de la fable.

Nous regardions, nous regardions... mais fort inutilement, je vous le jure.

Les mains de Miette faisaient adroitement leur office. Les muscades changeaient de place; elles disparaissaient et reparaissaient; elles s'isolaient et se réunissaient ; elles se réduisaient et se multipliaient; elles diminuaient et grossissaient...

Elles se métamorphosaient en boules, en pommes, en œufs durs...

C'était plaisir d'assister à ce méli-mélo inexplicable, qu'accompagnaient des paroles dites pour détourner notre attention, des calembours et des refrains de chansons.

Tout cela nous amusait excessivement, en nous coûtant la modique somme d'un sou. Rarement on donnait davantage.

Assez fréquemment, quelques gens du cercle éprouvaient un certain dépit.

Pourquoi ? Parce qu'ils n'avaient pas *vu* les tours du célèbre Miette.

Je me rappelle encore les jérémiades d'un

brave bourgeois, qui, un parapluie sous le bras, se plaignit à moi de ce que le prestidigitateur allait trop vite et ne laissait pas seulement le temps de voir...

— Permettez, répliquai-je ; votre plainte me prouve que vous n'avez pas suffisamment réfléchi au genre de spectacle auquel vous assistez...

— Bah ! fit notre homme... L'escamoteur pourrait ne pas tant précipiter ses mouvements... On verrait...

— Mais, si vous voyiez, cher monsieur, tout serait perdu.

— Comment ça ?

— Si vous voyiez, adieu la science de l'illustre Miette. Après tout, il n'est pas sorcier ; il est adroit... Son talent consiste entièrement à changer, à amener, à ôter ceci ou cela, avec la promptitude et la dextérité la plus grande, sans que les spectateurs puissent s'en apercevoir...

— Vous avez raison... c'est vrai, tout de même...

Mais revenons à l'escamoteur.

III

De nouveaux tours d'adresse succédèrent aux voyages des muscades. Mon voisin n'y vit pas plus clair qu'auparavant, malgré son extrême désir de deviner le secret des expériences.

D'abord, Miette se mit à exécuter le tour du mouchoir coupé.

—Beau soldat, demanda-t-il à un fantassin dont la laideur était remarquable, voudriez-vous me confier le carré de linge avec lequel vous avez l'habitude de vous moucher ?

— Je n'en ai pas, répondit le pioupiou, avec une pantomime indiquant très-clairement de quelle manière il se passait de mouchoir...

Tous les pékins ou civils du cercle se mirent à rire.

Le soldat murmura :

— Je voudrais bien les voir, ces gars-là, avec une douzaine de mouchoirs dans leur sac ! Ça serait trop lourd... Un magasin de nouveautés... quoi !

— Eh bien ! dit Miette, s'adressant à moi, jeune homme, voulez-vous me passer votre mouchoir ?...

J'en avais un, je m'en vante, et je le confiai au prestidigitateur. C'était un mouchoir blanc, avec bordure bleue. On pouvait le risquer.

Au bout de quelques secondes, Miette

nous montra ledit mouchoir coupé en deux.

— Ah ! fis-je, mais il est coupé !...

— Vous paraissez contrarié... Ne craignez rien : je vais vous le restituer dans son état primitif, net et propre comme devant.

Miette me rendit effectivement mon mouchoir rétabli en son entier.

Les curieux applaudirent. Je fis comme eux, satisfait de ressaisir l'objet prêté.

Bientôt après, l'escamoteur demanda une montre. On lui apporta une montre en argent, qu'il enveloppa dans un linge, et sur laquelle il tapa fortement avec un marteau.

Le propriétaire de la montre bondit, lorsque Miette s'écria :

— Votre montre est pilée !... Mais rassurez-vous, je vais joindre les pièces de cette excellente œuvre de mécanique, et vous pourrez nous indiquer l'heure, sans retard.

Les choses se passèrent selon la promesse de Miette, qui restitua la montre, et dit en souriant :

— Monsieur voudrait-il bien nous apprendre quelle heure il est ?

— Trois heures.

— Très-bien, le tour est fait... A un autre, messieurs, à un autre.

J'avais oublié de vous dire, chers amis, que dans une boîte faite en voliges, dans une boîte d'emballage placée près de la table du prestidigitateur, deux ou trois lapins étaient emprisonnés. Les pauvres bêtes !

Miette alla vers la boite, l'ouvrit, et, tenant un lapin par les oreilles, il s'adressa au cercle des admirateurs de son talent.

— S'il vous plaît, je vais tuer ce lapin, et je le ressusciterai.

— Allons donc! répondirent plusieurs incrédules... Pas possible... Peuch!

Il est certain, et vous le comprenez, que Miette ne pouvait pas, plus que les autres hommes, rendre la vie à un animal mort.

Tous les assistants braquèrent leurs regards sur l'escamoteur et sur le lapin.

Celui-ci reçut un coup formidable, asséné par la baguette de celui-là. Des témoins furent appelés. Des compères, sans doute? Non, je figurais parmi eux, et j'affirme que le lapin en question ne faisait aucun mouvement, qu'il semblait avoir cessé de vivre.

Au moment où nous revenions au cercle, Miette dit bien haut :

— Maître lapin, retourne voir ton camarade! Hop!

Le lapin se leva et se mit à courir jusquà la boîte d'emballage, où il se blottit ainsi que dans un terrier, après avoir fort bien joué son rôle.

Ce tour réussissait comme les autres. Voyant l'étonnement manifesté par l'assistance, le prestidigitateur annonçait :

— Voulez-vous que je ressuscite un enfant ? Voulez-vous que je ressuscite une grande personne ?

Mais, malgré le succès du tour du lapin, personne ne se souciait de tenter une épreuve aussi dangereuse. Cela procurait des frissons... On eût voulu ressusciter ; mais la question de mort préalable effrayait beaucoup.

IV

Ce que Miette réservait pour son dénoûment, c'était le fameux sac à malice, dont je vous ai déjà parlé.

Il exécutait une ponte d'œufs, et de la façon la plus divertissante, très-gentiment, très-gracieusement.

Voici comment il s'y prenait.

Il saisissait son sac par le côté ouvert, qu'il tenait d'une main ; de l'autre main il pressait le sac jusqu'à un coin du côté fermé, et il accompagnait ce geste d'une imitation du cri de la poule qui pond... co... co... co... co...

On voyait se dessiner dans ce coin du sac la forme d'un œuf.

En effet, Miette retirait aussitôt du sac

L'Escamoteur.

un œuf qu'il déposait sur sa table, d'un air triomphant.

Puis, il recommençait ce petit manége, jusqu'à ce qu'il eût aligné devant lui une douzaine d'œufs.

Véritablement, la dextérité du bonhomme était sans pareille. Nul ne voyait comment chaque œuf entrait dans le sac, ni par quels expédients Miette en pondait une douzaine.

Ce tour agréait fort au public, et après l'avoir exécuté, l'escamoteur se reposait un instant sur ses lauriers.

Un jour, quelques spectateurs émirent l'opinion que ces œufs étaient durs, ce qui rendait l'expérience moins difficile. Miette entendit. Avec une dignité incomparable, il se saisit d'un œuf, sans dire mot, le cassa à l'extrémité, et l'avala d'un trait.

— Je confonds ainsi mes détracteurs, dit le propriétaire de l'incomparable poudre persane.

Il salua gravement, et demanda à la société la permission de lui offrir des compositions de sa façon.

— Je ne les vends pas, messieurs, je les donne... Et combien? Deux sous pour chacune d'elles. Deux sous ma pommade pour noircir les cheveux et les gibernes !... Deux sous ma poudre pour blanchir les dents et les buffleteries !... Deux sous mon eau souveraine pour les engelures, les brûlures, les foulures, les apoplexies, les névralgies !... Deux sous mon savon à détacher, le meilleur qui soit au monde !...

Ainsi le prestidigitateur avait amorcé son public par ses tours d'adresse, par ses exploits d'artiste savant. Et après la fin des exercices, le marchand remplaçait l'escamoteur.

Quelle loquacité, quelle volubilité de langue ! Il vendait beaucoup de marchandises.

Les acheteurs s'éclipsaient bientôt. Mais, quelquefois, un ou deux spectateurs, désireux de connaître les trucs de l'illustre Miette, attendaient qu'il eût terminé sa vente, et ils le suivaient chez le marchand de vin.

Là, assis sur un méchant tabouret qu'il transformait en trépied, notre prestidigitateur se délectait devant un verre et une bouteille.

In vino veritas : La vérité dans le vin. Moyennant une chopine, ou deux, ou trois sous par personne, Miette vous dévoilait sans hésiter les secrets de son art. Il vous expliquait les choses, vous montrait les *passes* et les *contre-passes*, vous mettait de moitié dans son jeu pour tous les exercices qu'il avait faits

Tout Paris flâneur connaissait Miette et l'appréciait. Il avait une foule d'amis, et beaucoup de gens venaient à son école étudier la manière d'escamoter dans les jeux de société.

D'autres l'imitaient pour devenir pickpokets ou voleurs de profession, pour escamoter les porte-monnaie et les mouchoirs, — sans les rendre.

Miette ne manquait pas, d'ailleurs, d'émules et de rivaux, moins connus que lui. Sur toutes les places, un escamoteur opérait, et par le genre de ses exercices il se créait parfois une spécialité. Plusieurs habiles faisaient de la physique amusante avec l'aimant, avec la machine électrique, et surtout avec les boîtes à double fond.

Aujourd'hui, l'escamoteur en plein vent ne se rencontre plus que dans les foires et dans les réjouissances publiques.

V

En terminant, je vous rappellerai que certains hommes ont emprunté plusieurs expériences aux sciences physiques, chimiques et mathématiques, et qu'ils ont élevé l'escamotage au rang d'art véritable.

Avec eux le public s'amusait et s'instruisait, comme il le fait devant Robert Houdin et Brunnet.

Autrefois brillaient dans la prestidigitation, exercée non dans la rue, mais au salon et au théâtre, les Pinetti, les Bienvenu, les Comus. Pendant ma jeunesse, les maîtres en l'art d'escamoter étaient *Monsieur Comte* et le brillant Bosco. Depuis ont paru Robert Houdin, Philippe, Robin et Brunnet, dont les tours ont obtenu des succès durables.

Robert Houdin rendit des services à la France, lorsqu'il voyagea en Algérie. Par ses expériences, il détruisit la puissance des marabouts, faiseurs de miracles, et il devint un objet d'admiration parmi les indigènes.

Robert Houdin était, en outre, un mécanicien très-distingué, que s'attachèrent plusieurs sociétés savantes.

L'Avaleur de sabre.

LES AVALEURS DE SABRES

D'ÉPÉES, DE CAILLOUX ET D'HUILE BOUILLANTE

I

Ça et là, sur les places des grandes villes, se tient un homme qui possède un talent fort excentrique, — qui avale des sabres, aux applaudissements d'une foule émerveillée.

— Comprends-tu qu'on puisse avaler des sabres, toi, Alfred?

— Assurément non, répond le jeune Alfred, qui ajoute : Mon cher Julien, ce doit être tout simplement un tour d'escamoteur... Il va recommencer son exercice... Regardons bien...

— Je parie qu'il passe le sabre par dessous sa cravate, dit Alfred.

Nos deux garçons examinent avec la plus grande attention le saltimbanque, au moment où celui-ci introduit dans son gosier un sabre de fantassin...

— Eh bien ! remarque Julien, il me semble qu'il a avalé, avalé vraiment, ce qu'on appelle avalé...

— Oui... Cependant, il est certain que ce gaillard-là n'est pas un sorcier... Son gosier n'est pas fait autrement que celui des autres hommes, reprend Alfred, d'un air convaincu.

Julien ne répond pas ; mais il saisit son petit ami par le bras, et l'entraîne loin de l'avaleur de sabres, en se promettant bien de consulter sur ce point le docteur qui vient s'asseoir souvent à la table de son père et de sa mère.

Alfred et Julien vont plus loin, dans une autre place, et ils aperçoivent un groupe de badauds non moins attentifs qu'eux-mêmes l'étaient tout à l'heure.

Au moment où ils s'approchent du bateleur qui intéresse ainsi son public, cet « artiste » procède à l'engloutissement d'une épée...

II

— Cette épée-là, déclare Julien, ne doit pas être bien longue.

— Elle ressemble probablement à une lame de couteau, fait observer Alfred.

— Attendons et voyons.

— L'homme qui, il y a dix minutes, avalait un sabre, nous a confondus par son adresse ; celui-ci ne sera peut-être pas aussi habile... Je crois, Julien, qu'il y a encore là-dessous quelque supercherie... quelque truc plus difficile en apparence qu'en réalité.

— Je n'admettrai jamais, en effet, qu'un homme avale une épée... une épée de longueur ordinaire, comme celle de mon cousin, l'élève de l'École polytechnique.

— Ni moi non plus... dit Alfred.

Cependant le bateleur sort de sa bouche une épée de longueur ordinaire, une épée qui percerait de part en part le plus volumineux abdomen.

— Ah! bah! s'écrie un gamin... C't'épée-là, c'est du carton!...

— Du carton! du carton! riposte l'avaleur d'épées, avec une colère très-visible... Jugez si cette épée est en carton, ou en bois, ou en fer-blanc... Non, messieurs, c'est du pur acier, presque du damas.

Plusieurs personnes s'apprêtent à venir juger. Mais l'amour-propre de l'artiste se révolte...

Voyant, parmi ces incrédules, un musicien de la garde de Paris, portant l'épée au côté, il l'apostrophe en ces termes :

— Mon musicien, seriez-vous assez bon pour avoir l'extrême complaisance de me prêter l'arme que le gouvernement vous a confiée... en raison de votre insigne bravoure.

— Que je ne m'y oppose point, répond le garde... Que la voici !... Prenez...

Ce disant, il tire son épée du fourreau, et la présente au requérant.

L'avaleur, de l'air le plus majestueux, annonce au public :

— Cet instrument pointu, en fin acier,

je vais l'avaler tout entier... Et tu ne prétendras pas, méchant galopin, ajoute-t-il en s'adressant au gamin dont nous avons parlé, et tu ne prétendras pas que l'épée de ce brave est en carton!...

Aussitôt dit, aussitôt fait. Notre gourmand de rare espèce engloutit la longue épée du musicien, la laisse plusieurs secondes dans son œsophage, puis la retire lentement, et, en la prenant avec délicatesse par la pointe, la rend au garde de Paris stupéfait.

— Voilà, dit l'avaleur d'épées, ce que votre serviteur mange à toute heure du jour, avec beaucoup d'appétit, et sans jamais avoir d'indigestion... car il s'y est habitué !

Le groupe manifeste son contentement, prodigue les bravos à l'artiste, et se disperse.

III

Un peu plus loin, Alfred et Julien vont assister à un autre exercice.

Il s'agit encore d'un mangeur étrange, qui n'a guère de pareils.

— Tenez, dit un homme robuste, très-grand et très-gros, en s'adressant directement à Julien, vous voyez ces cailloux placés sur ma table ?... Vous les voyez bien, mon jeune bourgeois ?...

— Oui, monsieur, répond en rougissant Julien, tout ému d'être interpellé de la sorte, devant une cinquantaine de personnes.

— Eh bien, ajoute le géant, ça vous représente mon déjeuner, mon dîner et mon souper... voilà ma pitance quotidienne, à moi.

— Ah! par exemple, s'écrie Alfred... Je ne croirai jamais qu'on avale des cailloux de cette grosseur-là !

— Notre professeur, remarque Julien, nous a appris que Saturne, dieu de la Fable et fils du ciel, dévora une énorme pierre à la place de ses enfants nouveau-nés... Mais c'est de la mythologie pure... Cela n'a jamais existé que dans l'imagination...

— Que dans l'imagination, jeune homme ! réplique l'avaleur de cailloux... Je ne suis pas un dieu de la Fable, moi, et je soutiendrai la concurrence contre votre *Satourne*...

En entendant ainsi écorcher le nom du père de Jupiter, Julien est près d'éclater de rire. Mais il sait se retenir.

Après tout, un amuseur de la rue n'est pas forcé de connaître parfaitement les dieux de la mythologie... Il y a long-

LES AVALEURS DE SABRES. 125

temps que Saturne a vécu dans l'Olympe.

Donc, sans plus de préambule, l'avaleur de cailloux accomplit son acte de déglutition avec un sang-froid étonnant.

Quatre cailloux, relativement énormes, vont se loger dans son estomac...

Il termine son repas en demandant si quelqu'un ne sera pas assez charitable pour lui payer un bon verre de vin...

L'avaleur de cailloux suit le généreux compère, en disant à la société :

— J'avoue qu'un verre de vin me semble indispensable pour que ma digestion ne soit pas troublée... et surtout pour que mon manger me profite...

Alfred et Julien se regardent. Leur incrédulité, vaincue par les hauts faits de l'avaleur de cailloux, disparaît comme par enchantement.

— Il avale des cailloux, s'écrie Julien...

— Il a un estomac d'autruche! s'écrie Alfred.

— Pas complétement, dit Julien, plus fort que son ami en histoire naturelle. L'autruche, que les Arabes appelent l'*oiseau-chameau*, dévore avidement tout ce qu'elle rencontre, non-seulement des herbes et des matières animales, mais aussi des pierres, du fer, du cuivre et du plomb... De plus, les Arabes assurent que l'autruche ne boit pas ou du moins boit très-peu...

— En effet, observe aussitôt Alfred, sous ce rapport, j'estime que l'avaleur de cailloux diffère de l'autruche... Il aime à humecter son gosier; il mange pour boire, et il boit pour manger.

IV

A peine l'avaleur de cailloux et son compagnon sont ressortis de la boutique du marchand de vin, que Julien dit à Alfred :

— Regarde donc, là-bas... Quel populaire ! Comme on bat des mains !

— Courons... allons voir. C'est sans doute quelque faiseur de tours extraordinaires, quelque nouvel avaleur.

Ils se dirigent vers la foule, se faufilent difficilement et avec l'aide de leurs coudes jusqu'au premier rang, et sont mis bientôt au courant de ce qu'ils vont voir...

L'homme qui attire tout ce monde, déclare qu'il possède la faculté d'avaler de l'huile bouillante !

— Oh ! oh ! C'est encore plus fort que les exercices des bateleurs précédents, remarque Alfred... Autrefois, c'était une manière de torture, dont on mourait bel et bien.

— Il n'est pas possible, dit Julien, que ce petit homme, haut d'un mètre et maigre comme un hareng saur, s'administre une pareille potion. On ne me fera pas croire ça.

— Est-ce bien de l'huile ? reprend Alfred.

Il semble que l'amuseur à prévu l'interrogation faite timidement et à voix basse par le jeune Alfred, car il prie plusieurs personnes de s'approcher pour vérifier l'huile, tout en ébullition dans une casserole, et d'ailleurs fort peu appétissante.

Cinq ou six individus se rendent à son appel, examinent le liquide, et déclarent, à haute voix :

— C'est bien de l'huile bouillante.

Alors, sans plus tarder, le petit homme prend une cuiller de bois, la plonge dans la susdite casserole, et, avec un flegme étourdissant, avale une cuillerée de l'huile en question.

Pas un mouvement d'yeux, pas une grimace ; rien qui puisse indiquer la moindre douleur de gosier ou d'entrailles.

Cette fois, plus que jamais, Alfred et Julien sont surpris et confondus.

Ils ne s'expliquent pas la possibilité du fait qu'ils viennent de voir. En s'en allant, ils jettent quelques sous dans l'assiette qui sert de caisse à l'avaleur d'huile bouillante... L'homme les salue, les remercie.

— J'en suis encore tout ému, et toi, Alfred ?

— Moi aussi. Au moment où ce saltimbanque buvait, dit Alfred, j'ai éprouvé un véritable sentiment d'effroi...

— Je lui aurais volontiers arraché la cuiller des mains... tant je me sentais en proie à la crainte.

— Mais ce malheureux-là ne vivra pas de longues années, certainement, si j'en juge par l'effet que me produit un potage trop chaud. Je souffre alors comme un damné.

— Je ne me figure pas, mon cher Alfred, que ce métier-la soit bien favorable à la santé ; mais c'est extraordinaire, vraiment, c'est inimaginable.

— Voilà, observa Alfred, ce que tout le monde se dit; voilà pourquoi la foule assiste aux exercices de l'avaleur d'huile bouillante, qui recommence l'expérience au moins vingt fois par jour.

Il y aurait peut-être un moyen d'expliquer

les tours que nous avons décrits, mes enfants. Mais ce moyen appartient au domaine de la science ; vous ne le comprendriez pas avant d'avoir étudié pendant bien longtemps les phénomènes médicaux, avant d'avoir pris vos grades à la Faculté de médecine.

Soit par nature exceptionnelle, soit par des essais fréquemment répétés, des hommes en chair et en os parviennent à avaler impunément des sabres, des épées, des cailloux, même de l'huile bouillante. Il faut le reconnaître.

Ce qu'il y a de très-certain, c'est qu'ils n'accomplissent pas des miracles, c'est qu'ils ne font rien de surhumain.

Ces sortes d'amuseurs diminuent en nombre chaque année, et il vous arrivera bien peu souvent d'en rencontrer.

Dans ma jeunesse, au contraire, on en

voyait beaucoup ; ils se faisaient une rude concurrence, et leurs « petits talents » trouvaient des amateurs enthousiastes...

Pour les exercices de saltimbanques, comme pour les autres divertissements, il existe une mode... A présent la mode des avaleurs est passée.

LE MUSICIEN AMBULANT.

I

Il y en a partout, des musiciens : sur les places, dans les rues, sous les portes cochères, dans les cours intérieures de maison, sur les impériales d'omnibus et sur le pont des bateaux à vapeur, enfin dans les wagons de chemins de fer.

Pouvez-vous faire un pas sans en rencontrer ? Le crin-crin, la flûte, le trombone, l'éclat de voix piailleuse ou enrouée, ne frappent-ils pas constamment vos oreilles ? N'êtes-vous pas agacés, parfois, à l'audition d'airs différents qui s'entre-croisent, de romances écorchées, d'instruments discordants qui se combattent ?

Tous ces musiciens ont la prétention d'amuser ceux qui les écoutent : leur art suffit à peine à les faire vivre ; mais leurs ancêtres étaient absolument bohèmes, et il faut convenir que leur sort s'est amélioré en même temps que leur nombre s'est accru.

Les musiciens ambulants offrent une multitude de types. Qu'ils passent devant vos yeux, — j'allais dire devant vos oreilles, — comme ces groupes de pompiers défilant sur la place d'un maire de village, et qui se distinguent par toutes sortes d'anomalies dans le costume, dans la tenue et dans le maniement des armes.

Paraissez tour à tour violonistes des deux sexes, harpistes de douze ans, flûtistes ou joueurs de flageolet aveugles, organistes à jambes de bois, cantatrices de tous les âges, chanteurs de toutes les qualités !

Le Musicien ambulant.

Nous redirons vos mérites, votre passé et votre présent, vos aventures dans l'occasion, et la place que vous tenez dans le monde musical, surtout dans la série des divertissements que le peuple se procure sur le pavé !

II

Le violoniste ou la violoniste n'a rien perdu de sa renommée, déjà ancienne. Avec son instrument sous le bras, instrument commode et facile à porter, notre artiste peut pénétrer en tous lieux, dans les cafés les plus riches et dans les plus modestes guinguettes.

Comme les faiseurs de tours, il exécute en plein vent, au milieu d'un cercle, et son travail est suivi d'une quête, assez peu fructueuse, quel que soit le degré de son talent.

Quelquefois le virtuose agit sérieusement, jouant de la même manière que les violonistes de nos orchestres; le plus souvent, il se livre à des excentricités qui produisent de l'effet sur le vulgaire, mais qui n'ont rien à démêler avec l'art : il place son violon sous sa jambe et y promène l'archet, ou bien il tient l'archet d'une main, et frotte dessus les cordes du violon, etc.

Je n'en finirais pas si je voulais ici relater les postures impossibles de ces virtuoses. Ils en viendront probablement à jouer du violon avec les pieds, comme Ducornet, *né sans bras*, faisait de la peinture.

Pauvres gens, pauvres enfants. Peut-être y avait-il en eux l'étoffe de violonistes émérites, dont la misère a coupé les ailes. Combien d'artistes célèbres ont commencé par jouer du violon aux Champs-Élysées ou sur les boulevards !

Parmi les étoiles populaires du violon, on distingue principalement des Italiens de huit à douze ans. Leur tribu s'est implantée dans une maison de la place Jussieu, près du Jardin des Plantes. Leurs costumes les désignent à la curiosité publique.

Dès le matin, vous les voyez partir, pour se rendre dans tous les quartiers de Paris. Ils reviennent le soir, harassés, à moitié endormis dans les omnibus, et ne rapportant que peu de recette au chef qui les dirige, c'est-à-dire qui leur taille la soupe.

Par les belles soirées d'été, il n'est pas rare d'entendre, sur l'impériale, un de ces petits musiciens jouant du violon, et récoltant parmi ses voisins de banquettes quelques sous, juste ce qu'il faut pour payer sa place.

III

Les harpistes, surtout, nous viennent d'Italie. Leurs instruments sont *peinturlurés* ; ils les portent allègrement sur leur dos, en tirant, quand ils marchent même, quelques sons de ces cordes criardes qui constituent la harpe de facture commune.

Invariablement, ils jouent les même airs, — des motifs du répertoire italien, plus ou moins dénaturés, des valses et des polkas, et quelques hymnes patriotiques de l'Italie. Ils pourraient fermer les yeux, en exécutant leur musique, tant ils la connaissent par cœur, tant ils s'occupent peu de la justesse des accords qu'ils forment. La routine leur tient lieu de tout.

Les guitaristes nous venaient autrefois de l'Espagne; mais cet instrument démodé, qu'on appelle la guitare, ne se trouve plus guère que dans les mains de vieux troubadours ou de bonnes vieilles du temps passé, derniers vestiges de l'époque où la guitare fit irruption en France et se créa des adeptes passionnés. O guitare, tu as vécu!

Les clarinettistes sont, pour la plupart, aveugles. Ils ont adopté le genre de la complainte, et leur instrument semble se joindre à eux pour demander l'aumône, pour implorer le petit sou.

De même, les joueurs d'orgue sont presque tous infirmes. Autrefois, plus que maintenant, ils avaient pour mission de populariser les airs d'opéra, les marches, les valses, les quadrilles, les romances des grands faiseurs. L'orgue dit *de Barbarie* servait si bien la renommée des compositeurs, que ceux-ci s'entendaient avec les fabricants pour faire noter sur nombre d'orgues un morceau de tel ou tel opéra dont ils étaient les auteurs. De cette manière, ils atteignaient les sommets les plus hauts de la popularité et se créaient des succès faciles.

Quant aux chanteurs et chanteuses, ils sont de tous les âges et de toutes les sortes. Ils commencent leur carrière dès la première enfance, entre les bras de leur mère, qui dit une romance, et ils ne cessent de chanter que lorsqu'ils sont septuagénaires, quand la voix s'arrête absolument dans leur gosier.

Je n'énumère pas la foule des instrumentistes qui exercent leur art dans la rue. Un volume y suffirait à peine, et je crois, mes bons amis, que vous n'auriez pas la patience de me lire jusqu'au bout. D'ailleurs, vous les connaissez aussi bien que moi; vous les rencontrez à chaque pas, et j'aime mieux vous raconter quelques épisodes de la vie de ces musiciens populaires.

Plusieurs ont été interrogés par moi sur les particularités de leur existence; quelques-uns m'ont redit leurs misères et leurs splendeurs, leurs rêves évanouis faisant place à de poignantes réalités.

Presque toujours, ces artistes ont pu espérer, étant jeunes, l'avenir le plus brillant, les succès de l'orchestre ou de la scène.

De cascade en cascade, ils sont tombés au rôle d'amuseurs de la rue. Ainsi l'ont voulu leurs destinées.

Et encore se vantent-ils beaucoup, lorsqu'ils prétendent réjouir nos oreilles.

Il est arrivé, parfois, qu'un jeune musicien ambulant a grandi assez pour acquérir de la réputation. Tel ou telle qui chantait ou jouait d'un instrument sur nos places, dans nos cours, dans nos cafés, est parvenu, avec l'aide du travail secondant la nature, à l'apogée de la carrière d'artiste. Il a réussi; il a fait fortune; il est en possession d'une renommée universelle.

Mais c'est chose bien rare. On rapporte que Napoléon Ier demanda un jour au peintre Louis David :

— Combien comptez-vous de peintres en France?

— Environ six mille, répondit l'auteur de *Léonidas aux Thermopyles*.

— Six mille! s'écria l'empereur. Six mille! pour qu'il en sorte un David!

Nous pouvons en dire autant des musiciens. Combien de malheureux croque-notes pour un virtuose acclamé!

IV

Vers l'année 1820, il y avait, aux Champs-Élysées, une chanteuse et un violoniste, — la femme et le mari, — tous deux fort âgés, et exécutant depuis midi jusqu'à huit heures du soir, en été, des morceaux de musique devant un public assez peu nombreux, qui les écoutait par désœuvrement.

Ces pauvres gens faisaient de maigres récoltes. Quelques sous tombaient dans la bourse que l'un ou l'autre présentait aux auditeurs. Leurs journées ne valaient pas celles d'un aide-maçon.

Ils travaillaient pourtant avec conscience. Le violoniste triomphait de morceaux difficiles; la chanteuse s'épuisait à redire des airs d'opéra-comique, même des airs de grand opéra, que son mari accompagnait.

Un dimanche, par une après-midi splendide, quand la foule se pressait dans la plus belle des promenades parisiennes, nos musiciens ambulants étaient à leur poste et redoublaient de courage. Ils avaient peu mangé depuis une semaine.

Hélas! vingt personnes à peine les écoutaient. On passait devant eux sans s'arrêter. Chacun était bien plus occupé des toilettes en vogue, des célébrités rencontrées, que des musiciens ambulants, dont les efforts ne pouvaient l'emporter sur le bruit de la foule.

Comme ils venaient de terminer un morceau, ils virent s'approcher deux promeneurs encore jeunes, deux époux, dont l'un adressa immédiatement la parole au violoniste.

— Voulez-vous me confier votre violon? demanda le promeneur, sur les pas duquel un groupe assez nombreux s'était déjà amassé.

— Volontiers, monsieur, dit le pauvre musicien, non sans quelque étonnement... Voici mon violon, qui n'est pas de Stradivarius.

De son côté, la promeneuse, s'adressant à la cantatrice, déjà épuisée par plusieurs heures de vocalise en plein air :

— Voulez-vous me permettre de chanter un morceau, accompagné par mon mari? fit-elle. Nous vous donnerons la recette... Il s'agit d'un caprice... Voulez-vous?

La pauvre chanteuse des rues ne s'opposa pas aux désirs de son interlocutrice, belle à ravir, mise avec élégance, et dont l'organe était d'une douceur extrême.

Tout à coup, les vingt auditeurs furent pour ainsi dire noyés dans une foule compacte, accourue de toutes parts, et répétant les noms d'un célèbre violoniste et de la meilleure cantatrice de l'Opéra-Comique.

Celle-ci dit en perfection un air de son répertoire. D'unanimes bravos éclatèrent, lorsqu'elle eut terminé.

Le violoniste joua ensuite des variations sur l'instrument très-ordinaire qu'il avait en main, et il tira de ce violon tout le parti possible, à un tel point que l'instrument devint méconnaissable, même pour son propriétaire.

Alors l'enthousiasme de la foule se manifesta de nouveau, pendant que l'illustre artiste remettait le violon au pauvre musicien ébaubi, charmé, transporté d'admiration.

Ce ne fut pas tout. La grande cantatrice prit la chanteuse des rues par une main, et, de l'autre main, elle présenta aux auditeurs la bourse accoutumée, en disant :

— Donnez, mesdames et messieurs.... C'est pour deux camarades !

Ces simples paroles émurent profondément l'assistance.

La quête fut longue et très-productive, comme on pense. Plusieurs louis d'or se trouvèrent dans la bourse, que la cantatrice remit gracieusement à sa « camarade, » dont les remerciments se traduisaient par des larmes de joie.

Les deux célèbres artistes s'esquivèrent

et ne tardèrent pas à monter dans une voiture découverte, qui les emmena au bois de Boulogne ; la foule les suivit des yeux en battant des mains.

La recette dépassait trois cents francs ! En comptant cette somme, les pauvres musiciens croyaient rêver. Ils avaient de l'aisance pour longtemps ! Ajoutez que cet incident leur porta bonheur et que, pendant plusieurs jours, le public, instruit du fait par les journaux, abonda aux Champs-Élysées. Il espérait entendre à son tour le virtuose renommé et la cantatrice que Paris entier applaudissait à l'Opéra-Comique.

V

L'orgue de Barbarie a fait le tour du monde. Aujourd'hui, il est délaissé et ne réussit guère, nous le répétons, que si les gens dont il demeure le gagne-pain appellent l'attention des passants par leur infirmité et leur vieillesse, ou par l'exhibition de petits enfants emmaillottés.

J'avais horreur de l'orgue de Barbarie, de l'harmoni-flûte et de la serinette, aux temps de ma jeunesse. Ces instruments, jouant perpétuellement les mêmes morceaux, me donnaient sur les nerfs, et souvent il m'arrivait d'être généreux envers leurs possesseurs, afin de m'en débarrasser plus vite. Avec cinquante centimes on s'en délivrait.

Beaucoup de mes amis partageaient mon antipathie. Pourquoi? N'y avait-il pas là un souvenir tragique dont nos imaginations étaient frappées? On nous avait raconté que, durant l'assassinat de Fualdès, un homme jouait de l'orgue devant la maison où se perpétrait le crime, pour empêcher d'entendre les cris du magistrat que des misérables égorgèrent en 1817.

Toujours est-il que je quittais Paris avec bonheur, espérant ne point rencontrer de joueurs d'orgue à la campagne.

Vaine espérance ! Parfois, dans un petit village, au fond d'un bois même, les sons énervants de l'orgue se faisaient entendre, et l'air à la mode nous poursuivait loin de la capitale...

Pendant l'été de 1842, j'entrepris un voyage en Espagne. Ah ! pour le coup, je n'avais plus à redouter l'instrument ennemi.

Arrivé à Madrid le soir, je me rends dans un hôtel de la rue d'Alcala, — rue magnifique, où passe toute la société madrilène. Excédé de fatigue, je me couche de bonne heure, et je fais une nuit excellente, vraiment réparatrice.

Le lendemain matin, au moment où je commençais à m'habiller, des sons aigus frappèrent mon oreille...

J'écoutai un peu, puis attentivement, enfin avec colère... J'entendais un orgue de Barbarie qui jouait excessivement faux, en passant nombre de notes. Cette cacophonie prétendait populariser à Madrid l'air de la *Muette de Portici :*

Amis, la matinée est belle....

Aussitôt je bondis, je lançai des imprécations contre l'importun. J'ouvris ma fenêtre ; mais l'instrument fonctionnait de l'autre côté de la rue. Je ne pouvais conjurer le musicien en lui donnant d'un coup une piécette, dont il eût ri d'ailleurs, car plus de cent Madrilènes des deux sexes l'encourageaient de leurs bravos et de leurs argent. Force me fut de continuer ma toilette. Je me rasai, en essayant de m'abstraire le plus possible.

J'y réussissais presque, et par une sortie je pensais déjà à fuir loin du joueur d'orgue, quand celui-ci, pour finir par un morceau magistral, entama les *Sombres Forêts* de *Guillaume-Tell*.

A ces accords épouvantables, à ces grincements qui tremblotaient, à ces filets de son pour la plupart inarticulés, je me sentis frémir... et mon rasoir fit dans mon cou une entaille que je gardai pendant plusieurs jours.

J'eus un cauchemar sans sommeil, et Madrid, ville gaie, gracieuse et riante, me sembla désagréable.

A plus forte raison me regardai-je comme un être poursuivi par le malheur, lorsque, me promenant dans le *Prado*, vers la tombée de la nuit, j'aperçus un nouvel orgue de Barbarie, lequel était flanqué d'un orchestre ambulant.

Oui, d'un orchestre ambulant, représenté par un homme qui portait en guise de chapeau un pavillon chinois, qui avait devant lui une grosse caisse sur laquelle se trouvait une cymbale, et qui frappait de la main gauche ladite cymbale, pendant que la main droite s'escrimait contre la grosse caisse. Ce n'était pas tout encore. Une petite tringle de fer, attenante à l'instrument monstre, supportait un triangle, et le musicien, tenant un morceau de fer entre ses dents, agitait de temps à autre le triangle.

Ce charivari très-complet accompagnait l'orgue de Barbarie; l'ensemble de cette musique affectait désagréablement les oreilles délicates ; mais il faut avouer que la plupart des auditeurs paraissaient charmés d'ouïr le morceau, exécuté avec un brio remarquable.

Je m'enfuis comme si le démon me poursuivait. Longtemps, hélas ! le bruit de la grosse caisse et des cymbales me brisa le tympan.

Depuis cette époque, mes chers amis, j'ai trop souvent subi une épreuve semblable ; car dans bien des foires de village, en France et ailleurs, l'orchestre ambulant fait rage, et comporte parfois plus d'instruments que ceux dont je vous présente l'énumération. Dieu vous garde d'en rencontrer sur votre passage !

VI

La Fontaine a dit :

> La cigale, ayant chanté
> Tout l'été,
> Se trouva fort dépourvue, etc.

Que de cigales chantent, l'été et l'hiver, pour gagner un morceau de pain !

Dans la cour d'une belle maison située rue de la Chaussée-d'Antin, une femme d'environ trente ans venait chaque jour, en compagnie de trois petites filles, roucouler des romances, ou des duos dans lesquels l'aînée des enfants faisait sa partie.

Cette famille de chanteuses intéressait les locataires de la maison, et elle recueillait d'assez abondantes aumônes.

La voix de la mère était plaintive, horriblement fatiguée ; celle de la petite fille ressemblait à un glapissement continuel. Encore quelques années, et ces gens-là ne posséderaient même plus cette dernière ressource, — chanter pour émouvoir la pitié du passant.

Cependant un heureux hasard voulut que parmi les locataires de la maison vînt se placer un compositeur de mérite, connaissant à fond les diverses branches de l'art musical.

Il entendit la chanteuse et sa petite fille dire un duo de Panseron. Aussitôt il descendit dans la cour, et, s'adressant à la première :

— Madame, lui demanda-t-il, quel âge a votre enfant ?

— Huit ans le mois prochain.

— Vous avez tort de la faire chanter trop

en plein air. Elle est trop jeune. Vous la fatiguez outre mesure.

— Ah ! monsieur, répondit la chanteuse en étouffant un soupir, il faut bien que nous vivions !...

— Vous n'avez donc pas d'état ? Mieux vaudrait coudre...

— Coudre ! Outre que je suis peu habile, comment pourrais-je avec mon aiguille nourrir mes trois filles !

Le compositeur se tut et médita. Puis il dit à la pauvre mère :

— Eh bien, chantez seule, et je m'occuperai de votre fille ainée. Je lui donnerai les premiers principes de la musique, et je vous promets qu'elle aura de la voix et un talent hors ligne.

La chanteuse des rues n'en pouvait croire ses oreilles. Son étonnement n'eut plus de bornes quand le compositeur lui proposa de donner gratuitement chaque jour une leçon de musique à Ernestine B... Ainsi s'appelait la petite fille. Celle-ci ne fit plus sa partie dans les duos, et les locataires n'entendirent plus que la mère, c'est-à-dire quelques romances chantées avec une voix devenant de jour en jour plus chevrotante, plus faible, plus éteinte.

Plusieurs années se passèrent. Ernestine B... entra au Conservatoire de Paris, où elle obtint successivement tous les prix de chant, d'opéra-comique et grand opéra.

Engagée au théâtre Feydeau, elle débuta avec un immense succès dans une pièce du compositeur qui avait deviné son talent.

Sa mère, alors, cessa de chanter dans les rues, et, pendant quelque temps encore, elle travailla dans un atelier de couturière, jusqu'à ce que la célèbre Ernestine B… obtînt des appointements considérables, tels qu'elle pût venir en aide à sa famille, donner une profession à ses sœurs, et procurer à toutes une véritable aisance.

L'anecdote que je viens de vous raconter, mes enfants, a tourné bien des têtes de petites filles pauvres, qui ont espéré se produire dans le monde des arts, après avoir chanté dans les rues ou dans les cafés-concerts. Mais il y a beaucoup d'appelées et peu d'élues. La plupart n'ont pu vaincre la misère. Pour une qui réussit, grâce à des circonstances heureuses et à une nature parfaitement douée, combien finissent comme elles ont commencé, par la pauvreté et l'épuisement !

La grande tragédienne Rachel, dont vous entendrez longtemps parler, a chanté dans les rues et dans les cafés de Lyon; mesdames Ugalde et Marie Sasse ont chanté dans des concerts populaires, avant de briller sur nos scènes lyriques. Hélas! que sont devenues leurs premières camarades!

Guignol.

GUIGNOL

OU LES MARIONNETTES

I

Ma petite cousine Stéphanie, venue de Caen dans la capitale, et placée en pension chez une de nos meilleures institutrices, n'imaginait pas d'autre bonheur que celui d'aller au spectacle de Guignol.

Si ma tante était satisfaite du travail de Stéphanie, elle lui promettait Guignol pour le prochain dimanche.

Si l'application de Stéphanie laissait à désirer, ma tante savait vaincre sa mollesse en la menaçant de ne plus la conduire chez Guignol.

Stéphanie pouvait passer pour une des spectatrices les plus assidues et les plus ferventes du théâtre des marionnettes, sis aux Champs-Élysées, tout près du Cirque.

Il fallait la voir braver le soleil pour assister à une représentation des *Fureurs de l'Apothicaire* et de toute autre pièce tragique ou comique! A peine le rideau était-il levé qu'elle riait à se tenir les côtes, qu'elle se livrait aux éclats d'une joie immodérée, comme s'il se fût agi d'acteurs véritables, de scènes *arrivées,* de luttes réelles entre Pierrot et le commissaire.

— Quel est le premier théâtre de Paris? lui demandai-je un jour.

— C'est celui de Guignol, répondit-elle sans hésiter.

Me voyant ricaner, Stéphanie ajouta :

— Chacun a son goût. Tu préfères les équilibristes ou les chanteurs ; moi, je donne la pomme aux marionnettes.

Non-seulement je n'essayai pas de la contrecarrer, mais je respectai sa passion innocente... Que dis-je ! bientôt je la partageai, et Guignol compta en moi un admirateur de plus. Je m'intéressai peu à peu au spectacle des marionnettes, et ne m'avisai point, désormais, de plaisanter sur le goût de ma cousine.

La pensée me vint même de lui esquisser une petite histoire des marionnettes, dont quelques savants de premier ordre se sont occupés.

Mais je changeai bientôt d'avis, et, après avoir pris des notes, lu et relu certains livres spéciaux, j'accompagnai plusieurs fois Stéphanie chez Guignol, où je lui expliquai, séance tenante, pendant les représentations, l'historique des divers personnages au jeu muet.

Par manière d'introduction, je lui appris la haute antiquité de ces petites poupées de bois ou de carton représentant des hommes et des femmes, et qu'un saltimbanque, caché derrière un théâtre, fait mouvoir au moyen de fils, ou avec des ressorts, ou tout simplement à la main.

Ces personnages jouent, sautent, semblent parler, grâce à leur directeur. Ils donnent du plaisir aux enfants, aux flâneurs, aux soldats, aux apprentis, aux clercs d'huissier, aux bonnes, — à tout le monde.

Je lui prouvai que les marionnettes étaient connues des Grecs, car Aristote parle des figures de bois dont chaque membre correspond à un fil, dont le cou tourne, dont la tête se penche, dont les yeux s'agitent, dont les mains exécutent nombre de mouvements. J'ajoutai que de la Grèce elles passèrent à Rome, où elles réussirent à ce point que le grand poëte Horace ne dédaigne pas de citer les marionnettes. Enfin, je lui montrai que les Italiens, principalement les Napolitains, leur attribuèrent les noms de *puppi*, de *fantoccini*.

Vous connaissez le fameux Polichinelle, dont le type a déjà passé sous vos yeux?

Eh bien, Polichinelle peut à bon droit être regardé comme le chef des marionnettes.

II

— A quelle époque, me demanda Stéphanie, cette troupe d'acteurs en bois commença-t-elle à paraître en France?

— Ce fut sous Charles IX, vers la fin du xvi° siècle.

— Et qui les y amena?

— Un certain Marion, dont la femme s'appelait Marie; d'où le nom de *marionnettes* donné, chez nous, aux *fantoccini*.

Mes réponses intéressaient ma jeune cousine. Voyant qu'elle désirait connaître d'autres détails, je terminai :

— Au milieu du xvii° siècle, un arracheur de dents, Jean Brioché, fonda un spectacle de marionnettes, qu'il établit tour à tour au Pont-Neuf, dans quelques places publiques, aux foires Saint-Germain et Saint-Laurent. Son habileté pour faire agir ses bonshommes le rendit très-célèbre. On rapporte que, après avoir amusé Paris et les provinces, Jean Brioché ouvrit son théâtre à Soleure, en Suisse. Mais là, Polichinelle, par sa figure, son attitude, ses gestes et ses discours, épouvanta les spectateurs. Quel était ce Brioché? Ne marchait-il pas à la tête d'une troupe de diablotins? Les habitants de Soleure tinrent conseil, très-sérieusement; puis ils dénoncèrent au magistrat Jean Brioché, lequel alla en prison, jusqu'à ce qu'on instruisît son procès comme magicien. Heureusement qu'un capitaine au régiment des gardes suisses, attaché au roi de France, faisait alors des recrues à Soleure. Dumont, — c'était son nom, — se rendit par curiosité près de Brioché, le reconnut, et bien vite le consola en lui promettant son prochain élargissement. Le capitaine Dumont, en effet, expliqua au magistrat le mécanisme des marionnettes... Et Jean Brioché fut rendu à la liberté !

— Ainsi, dit en souriant Stéphanie, les marionnettes ont failli avoir leur martyr...

— Oui, ma petite amie. Mais sorti de ce mauvais pas, Jean Brioché gagna beaucoup d'argent, soit avec son théâtre, soit avec son singe savant, devenu légendaire. Son fils, Fanchon ou François Brioché, n'obtint pas moins de célébrité que lui dans l'exercice du « noble métier » de montreur de marionnettes. Vinrent ensuite des successeurs tout à fait illustres, Pierre, Lazari, Séraphin et Joly, dont les marionnettes ont diverti jusqu'à ces dernières années le public parisien, en se produisant sur des scènes relativement importantes, en attirant la foule dans des salles de spectacle...

— Et Guignol? interrompit Stéphanie.

— Tu reviens à tes moutons. Guignol !

Sache donc que ce Guignol s'est établi aux Champs-Élysées vers l'époque où le théâtre de Séraphin existait encore dans les galeries du Palais-Royl. En même temps, au bout de l'avenue du Luxembourg, les marionnettes de *Guignol*, puis de *Rigollot*, obtinrent un succès honorable. Pour Guignol et Guignolet, des hommes d'un grand mérite manifestèrent un véritable enthousiasme. Charles Nodier et Pagès de l'Ariége t'ont devancée, ma chère Stéphanie, comme admirateurs des marionnettes. D'autres se sont associés à cette admiration, et bientôt les Champs-Élysées, à l'avenue Marigny, ont vu foisonner les théâtres, qui sont aujourd'hui, comme tu le sais, au nombre respectable de cinq.

— Oui, répondit ma cousine. Il y a *Bobino*, tenu par M. Roger : c'est un polyorama où se donnent aussi des séances de fantasmagorie. Il y a *Bambochinet*, dont la scène a beaucoup d'ampleur. Il y a *Gringalet*. Il y a *Guignolet*, fondé en 1818, théâtre tenu de père en fils par Guentleur, lequel donne, annonce-t-il, des séances en ville et en province (genre Séraphin), de grandes et petites marionnettes, etc. Il y a enfin le *vrai Guignol*, mon favori, tenu par un nommé Anatole; on lit sur sa baraque: *Au vrai Guignol, comédie.*

— Eh bien, dis-je, assistons à une représentation du vrai Guignol?

III

Je n'essaierai pas de décrire la « salle de spectacle; » vous m'en remontreriez sur ce point, mes amis. Vous n'oublieriez aucun détail, ni les bancs peints, ni les chaises, ni les drapeaux, ni les piquets de fer auxquels tient la corde qui forme l'enceinte réservée au public payant.

Stéphanie choisit naturellement la meilleure place. Je m'assieds à côté d'elle. L'ouverture commence; un tout petit violoniste et un harpiste adolescent exécutent un air de la *Fille de Madame Angot*.

Le rideau se lève. Polichinelle apparait. J'en retrace sommairement la biographie, que j'ai ci-dessus publiée.

L'homme qui fait mouvoir les fils de Polichinelle a une « pratique » dans la bouche, et il s'en sert de telle sorte que l'on croirait entendre Polichinelle en personne. Grâce à M. Anatole, Polichinelle rit, gouaille, chante et danse.

Pierrot aussi, ce type immortel, fait bonne contenance.

Puis vient le maître à danser, qui se moque du bailli, et qui lui assène quelques coups de bâton.

Le fou rire s'empare aussitôt de ma petite cousine.

— Ah! remarquai-je, tu ris parce que le maître à danser donne du bâton au bailli...

— Oui, mon cousin... A-t-il une drôle de figure, le bailli!

— Dame, il a la figure d'un battu.

Arrive le commissaire, qui interroge le maître à danser, car le pauvre bailli est mort sous les coups.

Le maître à danser se déclare innocent.
— Mais, objecte le commissaire, voici le bâton encore teint du sang du bailli. Regardez. Le maître à danser se saisit du bâton, et frappe le commissaire, lequel

prend la poudre d'escampette, et ne tarde pas à envoyer le gendarme...

Toute l'assemblée rit aux éclats, et je vous prie de croire que Stéphanie ne reste pas insensible à cette nouvelle explosion d'hilarité.

— Il paraît, lui dis-je, que tu aimes à voir battre le commissaire...

— Mais, mon cousin, quelle grimace il fait, le commissaire!

— Il a mille raisons pour cela... Son autorité est méconnue, et il reçoit les coups de celui qu'il devrait emprisonner... Mais, Stéphanie, voici le grand gendarme... Voyons s'il sera plus heureux...

Le gendarme s'apprête à saisir au collet le maître à danser. Une lutte s'engage. Le gendarme reçoit quelques horions, et, enfin de compte, le maître à danser parvient à s'échapper.

Ainsi finit la *comédie* du vrai Guignol, aux applaudissements d'une cinquantaine au moins de petits spectateurs.

Elle s'écarte peu du cadre que je viens d'indiquer. Force taloches et coups de bâton, grimaces et gambades, chants avec *pratique*, ventriloquie avec accompagnement d'orchestre (deux musiciens, trois au plus), voilà le répertoire de nos marionnettes en plein vent.

Telles étaient mes réflexions, en revenant chez moi en compagnie de ma cousine. Stéphanie les entendit, n'y fit aucune objection, mais s'écria bientôt :

— Mon bon cousin, demain, nous retournerons chez Guignol ?

J'avais raisonné dans le désert.

— Mais c'est toujours la même chose, ton théâtre des marionnettes, osai-je répondre.

— Oui, c'est toujours la même chose, mon cousin; mais c'est si amusant!...

Combien d'entre vous pensent comme Stéphanie! Combien aiment passionnément ces acteurs de bois, — et même le chat qui remplit un rôle dans quelques pièces!

Personnage d'un genre particulier, que le chat. Il se tenait, il se tient encore, parfois sur le premier plan du théâtre, à droite ou à gauche. L'impresario fait des miaulements pour lui. Le chat ne bouge point, d'abord ; puis, tout a coup, il lève la patte, donne des coups de griffe à Polichinelle, en recueillant les bravos unanimes du parterre.

IV

Certaines marionnettes, celles d'Italie par exemple, jouent des pièces littéraires, ou même chantent des opéras.

Pendant un séjour que je fis à Bologne, un riche Italien m'invita à venir voir et entendre ses marionnettes.

Au milieu d'un parc immense avait été dressé le théâtre, très-artistement conduit ; la scène, assez large et grande, était pourvue de décors charmants. Deux cents invités assistaient au spectacle, dont l'éclairage se composait de lanternes vénitiennes mêlées avec des lustres en verres de couleur. La soirée était douce et calme, chaude pourtant, et telle que l'amphitryon croyait devoir faire circuler fréquemment des boissons rafraîchissantes. — sorbets, orgeats et glaces.

On joua une comédie de Goldoni, le Molière italien, une comédie entière, l'*Adulatore* (le flatteur), en trois actes.

Pour terminer, on chanta le deuxième acte d'*Il Barbiere di Siviglia*, célèbre opéra-bouffe, chef-d'œuvre de Rossini.

Plusieurs personnes faisaient mouvoir les fils, parlaient ou chantaient ; et un quatuor de bons musiciens accompagnait les acteurs, qui portaient de délicieux costumes.

Ces *fantoccini* avaient le don de plaire extraordinairement ; leurs représentations étaient intéressantes, et, en quelques occasions, ils imitaient si bien le langage et la voix qu'on pouvait se croire dans un grand théâtre.

Longtemps, dans nos fêtes de village, on

vit de ces petits spectacles, et, de nos jours, les *Pupazzi* de Lemercier de Neuville ont obtenu un véritable succès dans les salons.

Chacun se demandait si les marionnettes ne pourraient pas être perfectionnées. Pour moi, je n'en voyais guère la nécessité.

— Le mieux est souvent l'ennemi du bien, remarquais-je : Pierrot, Arlequin, Polichinelle et Cassandre n'ont pas besoin de palais pour attirer la foule des spectateurs.

A cela ma cousine Stéphanie, dont les années n'avaient pas vaincu la passion pour Guignol, répondit :

— On parle d'élever un très-joli théâtre dans le jardin des Tuileries, du coté de la rue de Rivoli. Oh ! je ne manquerai pas d'y aller, et le plus possible ! Bien des gens feront comme moi.

— Peut-être. Pourquoi ne pas laisser

aux marionnettes leurs allures toutes populaires ?... Il y en a assez dans les Champs-Élysées.

Stéphanie appuya par mille raisons son opinion bien arrêtée, et tout à fait contraire à la mienne.

— Allons, dis-je, n'en parlons plus ; tu te promets monts et merveilles de ce théâtre élégant. Nous verrons bien.

Quelques jours après, ma cousine, toute triomphante, vint m'apprendre ce qui se passait :

— La chose est décidée ! s'écria-t-elle avec une joie indicible. Nous allons posséder, aux Tuileries, un brillant théâtre de marionnettes... Plusieurs journaux en parlent depuis hier...

— Vraiment !... Est-ce qu'ils donnent des détails ?...

— Certainement, et beaucoup... Il y aura des décors dus au pinceau de nos meilleurs artistes ; il y aura des changements à vue ; il y aura des chambres, des palais, des forêts superbes... Monsieur Daumier dessinera les têtes des marionnettes, qui seront modelées, ainsi que l'a conseillé Nadar. On soignera singulièrement les costumes...

— Comme tu es au courant !

— Il paraît que le costume d'Arlequin, déjà confectionné par manière d'échantillon, a exigé cinq jours de travail d'une ouvrière. On prendra des acteurs dans les cafés-concerts, ou dans les petits théâtres, ou dans les théâtres de province... Oh ! mon cousin, ce sera magnifique ! Tout Paris viendra voir les nouvelles marionnettes des Tuileries.

— Tant mieux, tant mieux, Stéphanie, répondis-je. Quoique je ne partage pas tes idées sur la déclamation *marionnettesque*, je fais des vœux pour la réussite de ton spectacle favori.

V

C'était en 1861. L'ouverture des marionnettes des Tuileries produisit quelque bruit dans le monde élégant de la capitale, surtout parmi les enfants du faubourg Saint-Germain, du quartier Saint-Honoré et de la chaussée d'Antin.

J'assistai, comme bien vous le pensez, avec Stéphanie, à une des premières représentations.

Ma cousine manifesta son enthousiasme. Quant au public, il resta froid...

— C'est pourtant bien joli ! répétait

sans cesse Stéphanie, dépitée en voyant que les innovations ne réussissaient que médiocrement.

— Que t'avais-je dit !... observai-je... En cette occasion, le mieux est l'ennemi du bien. Les acteurs ont suppléé à la « pratique » un certain ronflement nasal d'un effet désagréable. J'aime mieux le simple Guignol...

En effet, les marionnettes des Tuileries ne prospérèrent pas, quelques merveilles qu'elles eussent opérées, — malgré leurs annonces, leurs affiches, leur personnel imposant, qui comprenait trois acteurs, un machiniste, un enfant pour les accessoires, un receveur et un gardien.

Vainement les pièces se succédèrent, prétentieuses dans leur forme, mais pour la plupart remarquables ; vainement les journalistes assistèrent aux « premières » des marionnettes, et en rendirent compte assez sérieusement ; vainement le poëte Fernand Desnoyers travailla pour ce Guignol littéraire... Au bout de quelques années, les marionnettes des Tuileries disparurent.

Ma cousine Stéphanie espérait toujours que le succès couronnerait les efforts de l'impresario.

— Oh ! prétendit-elle, pendant les premiers mois de l'année 1867, une foule d'étrangers viendra à Paris pour visiter l'Exposition universelle.

— Espère, ma chère cousine. Il est probable que ton nouveau protégé se ressentira du mouvement de la capitale.

Hélas ! ce fut justement pendant l'année 1867 que les marionnettes des Tuileries souffrirent le plus de l'indifférence publique.

Elles ne virent pas l'année suivante, tandis que les *castelets*, ou petits théâtres des Champs-Élysées, le vrai Guignol, Guignolet, Bobino, Gringalet et Bambochinet continuèrent d'amuser les Parisiens avec Polichinelle, le commissaire et le chat.

Le Fabuliste a dit :

> Ne forçons point notre talent ;
> Nous ne ferions rien avec grâce.

Ces vers s'adressent très-naturellement aux marionnettes. Elles ne doivent pas franchir leur cadre, sous peine d'éloigner de leur parquet l'élément populaire.

Les Hercules.

LES HERCULES

I

Je lus un jour, sur une pancarte appendue à une charrette de saltimbanque, ces mots écrits en gros caractères :

« *Aujourd'hui, **M. Adolphe**, Hercule, exécutera des tours de force prodigieux. Jamais on n'a rien vu de pareil.* »

La charrette s'arrêta près de la place du Trône, où vous avez pu remarquer les deux colonnes qui supportent les statues de saint Louis et de Philippe-Auguste.

Un groupe se forma bien vite, quand un jeune gars eut exécuté quelques roulements de tambour.

La pancarte fut placée au bout d'une longue perche que l'on ficha en terre, et qui devint ainsi l'annonce permanente du spectacle.

Quatre exécutants, outre le joueur de tambour, formaient la troupe.

Il y avait M. Adolphe, l'*Hercule* ; Bibi, son fils, âgé de sept ans ; Herminie, sa femme, jeune encore, et pourvue d'une chevelure qui rappelait celle de Samson ; enfin un saltimbanque dont le nom de guerre, comme on dit, était Follavoine, vieillard très-solidement bâti, Alcide au repos, naguère célèbre par ses exercices, selon toute apparence, mais aujourd'hui simple chef de troupe, conduisant la charrette, et choisissant les bons endroits pour « opérer. »

Le joueur de tambour, évidemment, remplissait l'office de domestique, et ne se mêlait d'ordinaire au spectacle que comme orchestre vivant, surtout bruyant.

— Allons, Tamponnet, dit le vieux Follavoine au joueur de tambour, bats la charge. Nous allons commencer nos prrrrodigieux exercices.

L'ordre fut exécuté, fiévreusement. Beaucoup de spectateurs durent se boucher les oreilles.

— Messieurrrrs et mesdames, reprit Follavoine, avant de produire au grrrrand jour de la publicité l'éminent Herrrrcule, monsieurrr Adolphe, nous vous ferrrrons assister aux débuts de son fils Bibi, lequel est déjà très-forrrt, quoiqu'il n'ait pas encore fait ses dents de sept ans... Roule, Tamponnet.

Et Tamponnet exécuta un nouveau roulement, tandis que Follavoine jetait sur le sol des pavés, des poids, des poutres assez grosses, contenus dans la charrette.

Bibi, vêtu d'un maillot qui commençait au cou et se terminait aux chevilles des pieds, n'avait pour ornements que des anneaux de fer peints en rouge, qui étaient placés au gras de ses bras. Ses cheveux étaient coupés ras.

Il salua la société d'un air majestueux, et se mit en devoir de soulever des poids à bras tendus, de jongler avec eux, de jouer aux osselets avec ces lourds objets.

Tout le monde applaudit.

— Qu'il est fort! qu'il est fort! s'écriait-on.

Bibi, ayant terminé, fit le tour du cercle en présentant une assiette aux spectateurs, et en lançant ce mot d'esprit qu'il ne manquait jamais de répéter dix fois par jour :

— Mettez-en, mettez-en des sous, jusqu'à ce que je ne puisse plus les porter !

Bibi accompagnait sa phrase d'un rire prolongé. Au reste, il était chargé de faire les recettes, et il s'en acquittait très-sérieusement.

Lorsqu'un assistant, ainsi que cela se voit souvent, quittait le cercle pour ne pas donner son sou, Bibi interpellait notre fuyard :

— Eh bien ! on s'en va comme ça... On n'est donc pas content de Bibi ?

Quelquefois, cette apostrophe inspirait un peu de générosité. Bibi avait gagné son procès.

II

— Tamponnet, exécute un rappel! dit ensuite Follavoine. Le fameux Herrrcule Adolphe va montrer sa force aux personnes ici présentes...

Monsieur Adolphe tourna sur lui-même, frappa du pied droit la terre, qui retentit comme sous le pas d'un cheval, et saisit une des poutres, dont il se servit comme d'une canne...

— Bravo! bravo! cria la foule.

Puis, l'Hercule Adolphe souleva la poutre et salua avec.

— C'est superbe! s'exclamèrent quelques assistants.

Après cette entrée en scène, Adolphe prit un pavé, le jeta devant lui pour se faire un but, et, avec un autre pavé, visa ce but, en imitant les enfants qui jouent « à la poursuite » avec des billes.

— Bibi, ordonna Follavoine, saute sur la tête de ton père, et obéis à ses volontés.

L'enfant exécuta l'ordre avec une remarquable promptitude. Alors l'hercule Adolphe ainsi coiffé du jeune Bibi, si l'on peut ainsi dire, alla prendre de chaque main un poids de vingt-cinq kilogrammes, et tourna les deux bras en manière d'ailes de moulin.

Les applaudissements qui suivirent ce tour, semblèrent émoustiller le calme ordinaire de monsieur Adolphe. L'Hercule se débarrassa, en un instant, de son fils et de ses deux poids. Il sourit au public. Ensuite il plaça un pavé sur une des poutres, à l'extrémité, et, à bras tendu, il présenta la poutre, au bout de laquelle figurait le pavé, sucessivement à tous les gens qui formaient le cercle autour de lui.

Il y eut un tel enthousiasme parmi ceux-ci, que maître Bibi, sur un signe de Follavoine, saisit le plat aux recettes, et fit une seconde tournée en disant :

— Mettez-en, mettez-en des sous, jusqu'à ce que je ne puisse plus les porter !

La collecte fut excessivement productive. Personne n'abandonna le cercle, et la curiosité générale s'accrut singulièrement lorsque Follavoine annonça :

— Ici se termine la prrrremierrre partie des exercices de monsieurrrr Adolphe... Il terminera la séance par des choses plus prrrodigieuses encore, après que sa femme, l'incomparable Herrrrminie, aura prouvé ses talents herrrculéens... Tamponnet, bats aux champs, mon ami... Mesdames et messieurs, je vous recommande l'attention la plus développée....

III

Herminie avait une stature moyenne; ses traits étaient d'une douceur étrange, et jamais nous n'eussions cru à sa force peu commune, dès le premier abord.

Mais Follavoine nous fit remarquer sa chevelure noire et abondante, plus l'épaisseur du crin chevelu; Follavoine excita notre curiosité, en ajoutant :

— Commencez, Herrrrminie, par mettre vos papillotes.

Immédiatement, Bibi s'élança vers un tas de poids de cinq kilogrammes chacun, rangés comme des boulets de canon dans un arsenal.

Follavoine et Adolphe aidèrent l'enfant

dans sa besogne, et Bibi nous arracha plus d'une exclamation de surprise.

Voici ce qu'il était chargé de faire, et ce qu'il fit de la manière la plus expéditive :

Herminie, assise, laissait flotter au vent sa chevelure. Bibi attacha un poids à chaque boucle de cheveux de la virago, pendant que Follavoine et Adolphe ressemblaient à des serviteurs de coiffeurs. Le premier criait :

— Allons ! encorrre une papillote !... dix !... quinze !... vingt !...

Dès que le vingtième poids eut été attaché à la vingtième boucle de cheveux, Follavoine, en souriant, dit, avec une dignité sans pareille :

— Maintenant, madame, levez-vous ; montrrrrez à tout le monde que ces papillotes ne vous gênent pas.

En effet, Herminie se leva avec aisance et facilité, soulevant avec sa chevelure vingt poids de cinq kilogrammes. Elle se promena triomphalement, et recueillit de nombreux bravos.

Bientôt après, l'Hercule Adolphe, portant de la main gauche un poids de cinquante kilogrammes, et de la main droite prenant la taille de sa femme, commença un pas de valse dont le tambour de Tamponnet marquait la mesure. Ils firent ainsi plusieurs tours en valsant.

— Assez, madame, dit Follavoine à voix très-haute, parce que les applaudissements du public étaient forts bruyants, maintenant, reposez-vous....

Herminie obéit. Pourtant elle n'avait point fini ses exercices. Elle plaça presque aussitôt sa tête sur une chaise, ses pieds sur une autre chaise, et demeura dans cette position horizontale pendant deux minutes environ.

Qu'allait-elle devenir? Nous attendions avec impatience.

Monsieur Adolphe plaça sur le dos de sa femme quatre énormes pavés....

— Assez! assez! s'écrièrent les assistants. Mais l'Hercule continuait, et il ne s'arrêta que lorsqu'une demi-douzaine de pavés prouva d'une façon irréfragable la prodigieuse force des muscles d'Herminie.

Ce tour n'avait absolument rien de gracieux; il déplut à un certain nombre d'assistants, qui s'éloignèrent du cercle. Quelques femmes poussèrent un cri, et le chef de la troupe, remarquant l'effet de son spectacle, redoubla de zèle pour en vanter la variété.

— Assez ! répéta-t-il, lui aussi ; laissez monsieurrr Adolphe préparrrrer le dernier tour parrr lequel il étonnera l'assemblée entierrrre....

Herminie appela Bibi, qui lui enleva ses papillotes, après qu'Adolphe l'eut soulagée des pavés qu'elle avait portés sur son dos.

Bibi, sébile en main, s'adressa aux assistants :

— Allons, messieurs, un peu de courage à la poche... L'illustre M. Adolphe va vous étonner par ses exercices d'adieu...

IV

L'Hercule émérite ne tarda pas à tenir la promesse que Follavoine avait faite pour lui.

Il donna des preuves non équivoques de

sa force surhumaine : il se rit des poids de vingt kilogrammes ; il joua le plus légèrement du monde avec des poutres ; il émerveilla les spectateurs par les jeux du biceps et de la jambe.

Raconter ses divers tours nous mènerait trop loin. Qu'il nous suffise de décrire ce qu'il appelait le *groupe de Laocoon*.

Laocoon, grand prêtre d'Apollon, fut, selon la mythologie, écrasé avec ses deux enfants par deux énormes serpents. Un des plus beaux groupes que nous ait légués l'antiquité, groupe attribué à Lysippe ou à Agésandre, sculpteur de Rome, retrouvé à Rome, au commencement du xvie siècle, retraça cette terrible scène.

M. Adolphe reproduisait le Laocoon avec des variantes grotesques.

Il se plaçait sur une estrade, formée avec

les pavés qui faisaient partie des accessoires de la troupe. Les deux serpents étaient figurés par Bibi et par Tamponnet. Le joueur de tambour quittait son instrument tout exceptionnellement pour cet exercice.

Tantôt Bibi se mettait à cheval sur le bras de l'Hercule; tantôt c'était Tamponnet que M. Adolphe suspendait autour de sa tête avec ses deux bras. Puis, les serpents grimpaient aux jambes de Laocoon. Enfin, débarrassé de ses deux bourreaux, M. Adolphe jouait avec eux comme on joue avec une balle élastique.

La représentation, pourtant, fut interrompue, au moment où elle allait finir, par un spectateur, un « fort de la halle, » qui tout à coup s'écria :

— C'est pas malin !... j'parions en faire

autant, sans demander l'aumône, comme ces gas-là!...

— L'aumône! l'aumône! répliqua Adolphe avec colère... Eh bien, essaie.

Le fort de la halle s'apprêtait à prouver ce qu'il avait avancé; mais Follavoine para le coup, en disant avec son sérieux le mieux réussi :

—Possible! possible!... mais montrrrrez d'abord votre permission... L'autorrrité nous défend d'admettre des étrrrrangers dans nos exercices...

Peut-être Follavoine craignait-il de voir son Hercule terrassé par ce fort de la halle, jeune et admirablement taillé. Une pareille déconvenue eût fait le plus grand tort à la réputation de sa troupe.

En moins de cinq minutes, et sur un signe de Follavoine, tous les accessoires furent replacés dans la charrette; nos artistes, affectant un profond dédain, disparurent en laissant l'homme qui les avait défiés tenir à peu près ce langage à la foule :

— C'est pas malin!... J'suis plus solide que leurs Hercules... Il n'y en a pas un qui, à la halle aux blés, porterait une charge pareille aux miennes... Ah! mais non... On n'paie pas pour me voir... tous les jours, vers onze heures, à la halle aux blés... du côté de la rue Oblin...

— Nous irons, dirent deux ou trois gamins...

— Ça m'intéresse, remarqua un bon bourgeois, qui brandissait son parapluie...

— Est-on heureux d'être fort comme ces gens-là, observa un petit homme rachitique à cravate blanche!

— Oh! oh! objecta une spectatrice de

quarante ans, ces Hercules doivent être bien brutaux !... Ils doivent battre leurs femmes !...

V

Sans doute, les Hercules ne sont pas pourvus, généralement, de façons délicates, et l'on en sait plus d'un qui n'a pas brillé par son amabilité.

Mais, chose moins rare que vous ne le pensez, certains lions de cette trempe sont doux, plus doux que des moutons.

Il y a quelques années, un Hercule et sa femme étaient cités en police correctionnelle.

Quand le président interrogea les témoins, pour savoir si les « inculpés faisaient bon ménage, » un témoin répondit sans hésiter :

— Non, monsieur le président.

— L'inculpé battait sa femme?...

— Non, monsieur le président; c'était la femme qui battait le mari...

A cette déposition, un éclat de rire fut poussé par le public, et les juges manifestèrent gravement leur surprise par un léger sourire.

Rien de plus invraisemblable, en effet. L'Hercule était grand, gros, d'une solidité remarquable; sa moitié, au contraire, était petite, maigre et rachitique.

Eh bien, d'autres témoignages établirent la véracité du premier témoin, et si ces deux inculpés « faisaient mauvais ménage, » c'était parce que la femme battait le mari.

—Comment! dit le président à l'Hercule, vous vous laissez battre par madame!... Pourquoi cela?

— Parce que si je ripostais, je la tuerais d'un coup...

Cette réponse valut une bonne note à ce colosse débonnaire.

En terminant, permettons-nous de rappeler que le culte de la force corporelle a existé de toute antiquité, dans les classes les plus élevées comme dans les plus humbles, chez les hommes aussi bien que chez les enfants, parmi les animaux eux-mêmes.

L'idéal de la perfection, n'est-ce pas, sous beaucoup de rapports, l'alliance de la force et de la bonté?

Tant qu'il y aura des hommes, les Hercules en seront les maîtres, et les renards seuls pourront combattre ces lions.

LA DISEUSE DE BONNE AVENTURE

I

Je n'oublierai jamais que, sortant à peine du collége, je cédai à une curiosité malsaine, et me rendis chez mademoiselle Marie-Anne Le Normand, fameuse cartomancienne, qui demeurait rue de Tournon, à Paris, dans le faubourg Saint-Germain. Tout le monde la connaissait de nom; beaucoup de gens la visitaient.

Mon désir était de savoir ce que me réservait l'avenir, — de me faire dire la bonne aventure.

Dès que mademoiselle Le Normand m'aperçut, elle me regarda fixement, et me dit :

— Oh! oh! jeune homme, vous venez consulter la tireuse de cartes, vous dont le père est fabricant de cartes....

C'était vrai. Mon père fabriquait des cartes à jouer.

L'apostrophe de mademoiselle Le Normand produisit sur moi le plus grand effet. J'éprouvai comme un éblouissement.

— Elle devine admirablement bien, pensai-je.

Et je ne doutai pas de sa science, en m'expliquant l'immense réputation que cette cartomancienne avait acquise, les nombreuses consultations qu'elle donnait chaque jour.

— Approchez, me dit-elle; asseyez-vous..... Vous voulez connaître votre destinée future?

La Diseuse de bonne aventure.

— Oui, mademoiselle.

— Très-bien.... Votre confiance m'honore.... Ah! les hommes les plus considérables, depuis la grande révolution de 89, ont daigné diriger leur conduite d'après mes prédictions. Pour ne parler que des sommités, Mirabeau, Talma et Napoléon 1er m'ont accordé des témoignages non équivoques de leur satisfaction.... L'avenir se dévoile à mes yeux.... Je puis prédire à chacun sa fortune, bonne ou mauvaise.... L'avenir n'a point de secrets pour moi.

En parlant ainsi, mademoiselle Le Normand étala sur une table le jeu de cartes à l'aide duquel tout mystère devait être révélé. Son air devint grave, majestueux.

Moi, je restai planté comme un piquet devant elle

— Jeune homme, reprit la dame, après

avoir manié ses cartes, d'une manière tout incompréhensible pour un profane, jeune homme, je sais votre vocation.... Persévérez dans vos travaux d'artiste, cultivez avec courage l'art si noble de la peinture, et vous ferez honneur, un jour, à votre illustre maître, à monsieur Ingres!

— Mademoiselle, croyez-vous? interrompis-je.

— J'en suis sûre.... Les cartes m'apprennent vos excellentes dispositions.... Vous dessinez bien, vous dessinerez mieux encore, après quelques études, et si vous persévérez, vous obtiendrez certainement le grand prix de Rome.

Ces paroles me pétrifièrent, dans un sens contraire à l'admiration que j'avais éprouvée d'abord, lors de mon entrée dans le salon de la **cartomancienne**.

Mademoiselle Le Normand acheva la consultation, en me prédisant une foule de choses assez banales, en employant des expressions à double portée, et surtout en affectant des airs de pythonisse inspirée.

Je ne m'avisai pas de la contredire, et je me retirai, après avoir déposé une pièce de cinq francs dans la coupe de marbre qui se trouvait placée sur la cheminée.

Deux ou trois semaines s'écoulèrent. Tout me fut expliqué, le plus simplement du monde.

Mademoiselle Le Normand achetait ses cartes chez mon père, — et elle m'avait vu dans la cour de la fabrique, plusieurs fois, jouant avec mon frère.

Voilà pourquoi elle avait si remarquablement *deviné* la profession paternelle.

En outre, mademoiselle Le Normand avait appris de mon père qu'un de ses fils étudiait la peinture, et faisait partie des élèves fréquentant l'atelier de monsieur Ingres.

Ici la cartomancienne s'était trompée. Elle m'avait prédit un sort qui pouvait devenir celui de mon frère, mais qui, assurément, ne pouvait être le mien, car je n'ai jamais su tenir un crayon ni un pinceau.

II

Mademoiselle Le Normand a eu bien des élèves, bien des émules, bien des concurrentes, aux divers degrés de l'échelle sociale.

Toute fête publique, dans une ville ou dans un village, abonde en diseuses de bonne aventure. Les unes tirent les cartes, les autres sont somnambules; celles-ci procèdent par devises renfermées dans des coquilles couvertes de papier doré, celles-là ont des mécaniques diverses, à l'aide desquelles elles lisent l'avenir.

Aucune, il est vrai de le dire, ne paraît mettre en pratique pour elle-même l'art divinatoire dont elles se prétendent complétement douées. Elles exercent un métier, un triste métier.

La diseuse de bonne aventure n'a pas de parade. Oh! non; elle est sérieuse et affecte des façons de mystère.

— Papa, disait le jeune Édouard à son père en passant devant une petite cabane d'environ trois mètres carrés, regarde donc.... Ça ne ressemble pas à une boutique.

Il lisait : MADAME SYLVANDIRE *révèle la destinée.*

— C'est une diseuse de bonne aventure, mon enfant. Je n'approuve pas ces sortes de choses…. Continuons notre chemin.

— Elle prédit l'avenir ?

— Oui, mon cher Édouard…. Mais cette prétention de prédire l'avenir se joint à celle de pouvoir connaître le passé et le présent de tout le monde.

— Oh ! papa, si nous entrions !…. Je voudrais bien savoir ce que je serai un jour.

— Je te répète, Édouard, qu'à mon avis il ne faut pas se laisser aller à ces désirs-là….

Édouard fit une légère moue, dont son père sembla ne pas s'apercevoir.

L'enfant ayant insisté, le père céda, en déclarant :

— Eh bien, ce sera pour la première et pour la dernière fois.

Ils entrèrent, et madame Sylvandire se mit aussitôt en devoir d'accomplir son importante mission.

— Ne vous fâcherez-vous pas, mes bons messieurs, demanda-t-elle, si je vous dis la vérité, toute la vérité, rien que la vérité?

— Non, non, répondit Édouard, de plus en plus curieux.

Or, nous devons le reconnaître, Édouard travaillait fort peu au collége. Il était aimable, gentil, d'un caractère doux, mais il ne savait pas vaincre sa mollesse naturelle. En un mot, il avait rang parmi les enfants gâtés.

Madame Sylvandire aligna ses cartes; puis, d'un ton quelque peu magistral et inspiré, elle conclut de ses élucubrations occultes que le jeune Édouard était un enfant très-laborieux, mais destiné à devenir plus tard un oisif de la société, s'il n'y prenait pas garde...

— Cela n'est pas vrai! s'écria Édouard, avec une certaine colère.

— Vous êtes paresseux? demanda madame Sylvandire.

— Je travaillerai, je travaillerai, papa, et je prouverai bien que l'on se trompe... Elle me dit le contraire de la vérité.

Le père d'Édouard ne souffla mot. Il paya la cartomancienne, et sortit en adressant à son fils les paroles suivantes :

— Mon ami, cette femme n'a pas dit vrai dans la première partie de son horoscope. Il dépend de toi qu'elle n'ait pas dit vrai pour l'avenir... Dans tous les cas, le hasard ne peut rien changer à ta bonne volonté... Mais c'est le hasard qui a servi Mme Sylvandire, quand elle a vanté ton amour du travail... Elle en sait moins que toi, sur ce point, dans ton passé, dans ton présent, dans ta conduite future... Édouard, tous ces pronostics ne signifient rien... Suis la route que ton père et ta mère t'indiquent... Attends les événements; mets-toi à même de profiter des occasions heureuses, de détourner les malheurs... Il n'y a pas besoin de nécromancienne pour conseiller cela... Tes parents suffisent.

Cette allocution porta fruit. Jamais Édouard n'eut désormais la pensée de consulter les diseuses de bonne aventure. De plus, il travailla et devint un homme distingué.

III

Les somnambules se sont créé une spécialité : elles guérissent les maladies, — surtout les maladies contre lesquelles ont échoué les plus habiles docteurs en médecine.

Dans une fête patronale, ces femmes attirent la foule des gens crédules, surtout des hypocondriaques.

Elles révèlent aussi la destinée. Celle-ci vous dira que votre maladie est grave, et que votre médecin ne peut pas la guérir; celle-là vous annonce que vous serez un jour général en chef ou amiral; une autre vous promettra la fortune...

Entrons, s'il vous plaît, dans le cabinet « consultant » de cette dernière. Justement, voici un bon paysan qui en sort tout joyeux.

— Eh! François, lui dit son ami, comme tu écarquilles les yeux!

— Si tu savais, mon vieux Claudin! elle m'a prédit que je deviendrais millionnaire...

— Pas possible!...

— Si fait, puisque je te le dis... Et même, tiens, je peux l'avouer... elle m'a indiqué les moyens à prendre pour gagner une fortune...

— Répète...

— Nenni.... c'est pour moi seul...

Et Claudin s'esquiva, presque gambadant, affectant une grande importance, et redisant :

— Ah!... c'est pour moi seul!... Je deviendrai riche comme notre banquier!...

François, alléché, passe devant nous... Laissons-le se rendre vers la somnambule... Aussi bien, que vous en semble? La joie du vieux Claudin ne nous engage-t-elle pas à étudier le sentiment qui s'emparera de François après sa consultation?

Dix minutes s'écoulent. Bientôt ledit François reparaît, et, s'adressant au public qui l'entoure :

— Ah! ah! ah! s'écrie-t-il, en riant à gorge déployée, la sorcière de là dedans est bien amusante!... Ah! ah! ah! cette maligne somnambule m'a indiqué, — indiqué, comme je vous le dis, — la manière infaillible de devenir riche!... Ça m'a réjoui... Pourquoi ne l'a-t-elle pas employée pour son propre compte, cette manière-là ? Ah! ah! ah!

Effectivement, la somnambule consultée

par François a des vêtements misérables; elle est maigre, ainsi que les gens auxquels la nourriture abondante fait défaut. Elle ne prêche pas d'exemple, car elle n'a pas mis à profit sa science divinatoire, et elle semble avoir négligé absolument de pratiquer le proverbe : Charité bien ordonnée commence par soi-même.

De fait, elle n'est pas si pauvre qu'on le pourrait croire. Mais son procédé n'a rien de commun avec celui qu'elle communique aux bonnes gens dont elle reçoit la visite.

Son cabinet de consultation ne désemplit pas. Chacun lui donne dix centimes, et beaucoup, parmi les personnes dont elle prédit la haute fortune ou la richesse, ajoutent quelques sous à la somme fixée.

La diseuse de bonne aventure spécule sur la faiblesse humaine. Elle est une des nombreuses variétés du charlatan. Simple en ses agissements, n'ayant pas de frais d'installation ni de personnel, ni de grosse caisse, comme les bobèches et les paillasses, elle récolte davantage.

VI

Depuis les premiers temps du monde, les sorcières et les sorciers ont foisonné.

Autrefois, on les prenait au sérieux. Ils rédigeaient des traités, des livres, de volumineux ouvrages, et souvent ils faisaient échec aux autorités religieuses. On les brûlait alors comme hérétiques.

Aujourd'hui, mes enfants, on en rit volontiers. Leur baguette divinatoire a perdu tout crédit. A peine quelques esprits faibles ajoutent-ils foi à leurs paroles. Ne nous en plaignons pas. Dans les foires, ces prophétesses et ces prophètes sont classés parmi les saltimbanques.

Outre le mal qu'ils font encore, en agissant sur les imaginations exaltées, parfois ils se permettent des actes interdits par la loi.

Ils figurent, en ce cas, sur les bancs de la police correctionnelle, sont généralement accusés d'escroquerie, et vont en prison comme les simples mortels, sans avoir su deviner le sort qu'ils doivent subir.

Longtemps encore, la diseuse de bonne aventure, le nécromancien et la somnambule tiendront boutique dans les foires. Mais leur industrie déplorable s'en va décroissant. Un de mes neveux, dernièrement, la caractérisait ainsi :

— Elle vit de l'avenir, et l'avenir lui échappe.

La diseuse de bonne aventure n'a plus de prestige. Ne la consultez jamais, car sa prétendue science ne vous fera jamais de bien, en admettant qu'elle ne vous fasse jamais de mal.

J'aime mieux que vous applaudissiez aux lazzi de Pierrot, aux danses de Polichinelle, aux tours de force des Hercules, à la subtilité des escamoteurs.

Enfants, recherchez la gaieté naïve et innocente; fuyez tout ce qui peut vous jeter dans les bras de l'ambition, de cette ambition qui aspire promptement au but, qu'une folle espérance dirige, dont on devient l'esclave, pour ainsi dire, en oubliant que le travail seul est le moyen de parvenir lentement, mais sûrement.

L'ACROBATE ET LE BATONNISTE.

I

O madame Saqui, reine des acrobates, vous n'avez presque plus de sujets !

L'acrobate s'en va. Le danseur et la danseuse de corde se font excessivement rares.

Mais, du temps de madame Saqui, les rues et les places publiques voyaient à toute heure du jour dresser quelque corde imposante, sur laquelle dansait un artiste au costume pailleté, au maillot collant, avec une couronne en cuivre doré sur la tête.

C'était un élève ou un émule de la fameuse madame Saqui.

Or, madame Saqui s'intitulait « la première acrobate de France, » sous l'Empire et la Restauration. Elle s'installa au *café d'Apollon*, sur le boulevard du Temple, et transforma ce café en théâtre. C'était en 1815. Avec elle brillèrent nombre de danseurs de corde et de polichinelles, — une troupe d'acrobates.

Acrobate ! mot tiré du grec, mot à effet, par lequel les nouveaux artistes indiquaient qu'ils avaient « perfectionné leur art. »

Du haut de sa corde tendue, dansant avec ou sans balancier, madame Saqui promenait fièrement ses regards sur un public tout ébaubi.

Quel port superbe ! quelle sûreté de pied ! Personne ne lui allait à la cheville. Cette étoile de la danse brilla longtemps sur le firmament des acrobates. Puis vinrent Forioso et Diavolo, qui continuèrent la vogue des artistes danseurs.

Ceux-ci, en plein air, faisaient de leur mieux, comme ils font encore. Ils exécutaient des entrechats sur la corde, molle ou tendue, s'y tenaient assis sur une chaise, et parfois s'y livraient à des voltiges qui épouvantaient les spectateurs.

Ce qui m'intriguait fort, quand je faisais partie d'un cercle entourant des danseuses de corde, c'était la peine que l'on prenait de mettre du blanc d'Espagne sous la semelle de leurs escarpins.

— Pourquoi cela ? demandai-je.

— Comment ! tu ne devines pas ? C'est pour que le pied du danseur ou de la danseuse ne glisse pas..., répondait mon oncle, étonné de ma naïve interrogation.

J'avais pourtant quelque raison de croire

que cette opération était plus poétique qu'elle ne l'est en réalité, car je voyais l'artiste s'y soumettre d'un air solennel. Je me figurais que ce blanc avait des vertus merveilleuses, presque magnétiques, et qu'il aimantait pour ainsi dire les pieds de l'acrobate.

Un événement soudain me prouva, un certain jour, que je me trompais étrangement. Cette fois, la danseuse de corde, dont j'admirais les subtils soubresauts, tomba bel et bien sur le pavé. Elle ne se blessa pas, grâce au tapis qui couvrait le sol. Mais je m'expliquai les dangers du « funambulisme »

Dans les villages, aux jours de fête, la danseuse de corde apparaît aux paysans telle qu'une princesse ou une fée.

— Jarni ! la belle robe !... les magnifiques diamnats !... et cette longue chaîne d'or !

— C'que c'est qu'd'avoir du talent, tout d'même. Dis donc, Nicolas, ni ta femme ni toi n'en feriez autant...

— Ah ! Vincent, j'l'avoue. La mère Nicolas sait tricoter des bas, mais pas tricoter des jambes. Eh ! eh ! eh !

Vincent trouve le mot joli, et ces deux villageois ne se lassent pas d'admirer la « superbe toilette » de la funambule.

Au vrai, le costume n'a rien de bien remarquable, et, je vous le jure, l'or qu'on y voit n'a pas été contrôlé.

Mais vous ne retirerez pas de la cervelle des paysans cette idée, que « les danseuses de corde ont des costumes de reine, » avec des pierres précieuses et des perles fines.

II

Un autre type, dont le plus réussi avait nom Pradier, sous le règne de Louis-Philippe Ier, est le bâtonniste.

Pradier, « premier jongleur de cannes de l'Europe, » exerçait son art sublime aux Champs-Élysées, dans l'espace que l'on appelait autrefois le Carré-Marigny.

On le voyait aussi assez souvent sur la place de la Madeleine, où le public s'amassait soudainement dès qu'il apparaissait.

— Messieurs, disait Pradier, je vais exécuter devant vous le tour des cannes, celui des assiettes, celui du saladier, ceux du petit et du gros gobelet, du paratonnerre, du fléau, de la pique et ses douze anneaux, de la carte volante.

Ces différents tours excitaient l'enthousiasme universel.

Le bâtonniste s'enivrait de bravos. Puis, quand une somme suffisante lui avait été offerte par le cercle de ses admirateurs, il prenait de nouveau la parole :

— Messieurs, je vais vous montrer mes « six principes pour mettre l'argent dans sa poche. »

Nous renonçons à vous décrire, chers amis, les exercices d'adresse opérés par Pradier. Il faudrait un volume, surtout si nous ajoutions à ses faits et gestes les bons mots qu'il débitait parfois.

L'illustre bâtonniste dédaignait d'adresser des boniments aux députés qui passaient, en se rendant au Palais-Bourbon, et qui s'arrêtaient pour le voir, ainsi qu'aux beaux messieurs qui se dirigeaient vers le bois de Boulogne.

— C'est un homme fort! déclaraient les uns et les autres.

L'art de jouer du bâton présente, en effet, des côtés sérieux, et l'on cite tel bâtonniste habile qui combattrait avantageusement plusieurs fantassins armés de leurs fusils avec la baïonnette.

On assure que Pradier rêvait d'être utile à sa patrie, de donner un nouveau lustre à la profession de tambour-major.

Il était cher aux troupiers de toutes armes, et aux enfants, qui ne se lassaient pas de regarder ses évolutions multipliées.

III.

Assurément, personne n'a fait preuve d'un talent comparable à celui de Pradier, depuis que ses mains si habiles ont cessé de jouer avec le bâton.

Mais si les bâtonnistes sont peu communs, ils n'ont pas absolument déserté l'arène publique.

Vous en rencontrez, çà et là, dans nos rues et sur nos places publiques, surtout sur les champs de foire de la province.

J'en ai connu un qui préludait toujours à ses exercices en chantant ce refrain d'un vaudeville joué vers 1830 :

>Mon bâton,
>Mon bâton,
>C'est à toi que je dois mon r' nom (renom).
>Mon bâton,
>Mon bâton,
>V'là les armes de ma maison.

Aussitôt après, il se mettait en devoir de « travailler, » et je me rappelle bien son principal tour, que peut-être vous avez vu, ou que du moins il vous sera sans doute permis de voir.

— Messieurs, demandait-il, y aurait-il parmi vous un homme *bien né?*...

Tous les assistants se regardaient les uns les autres, sans trop s'expliquer pourquoi.

Remarquant ce mouvement général, le bâtonniste ajoutait:

— Un homme bien né, c'est-à-dire doué avec générosité, avec luxe, par la nature, de cette partie saillante du visage qui s'étend entre le front et la bouche.

A ces mots, les sept huitièmes des gens du cercle portaient la main à leur nez, instinctivement, comme pour mesurer leur monument nasal.

Et le bâtonniste souriait d'une façon fort avenante.

— Eh bien! s'écriait-il, le concours est-il fini?

D'un coup d'œil rapide, il examinait les figures, et découvrait vivement « le plus long nez de la *socilliété* (société). »

— A vous la pomme, monsieur, disait le bâtonniste, en présentant une pomme à un spectateur, et en le priant d'entrer dans le cercle.

Quelques minutes se passaient. Notre artiste plaçait la pomme en équilibre sur le nez protubérant du spectateur, et annonçait :

— Nouveau Guillaume Tell, je vais avec mon bâton enlever cette pomme, sans faire la moindre égratignure au visage du patient.

Celui-ci, parfois, répondait par une grimace; mais le bâtonniste procédait avec tant d'agilité et de promptitude qu'au moyen de son bâton il enlevait la pomme, avant que le spectateur eût le temps de décliner l'office dont on le chargeait.

Ce tour provoquait de chaleureux applaudissements.

— Pour terminer, messieurs, — le tour du petit sou.

Le bâtonniste prenait une pièce de cinq centimes dans la classique assiette dont les saltimbamques se font une caisse, et il déclarait:

— Pour ce tour, je m'adresse à un jeune garçon de la *socilliété*... A vous, jeune homme ... la pièce sera pour vous...

Le bâtonniste choisissait un petit gamin parmi les spectateurs. Celui-ci s'avançait, non sans crainte, mais décidé par l'appât qu'on lui présentait, — cinq centimes!

Sur le nez du gamin était placé le sou.

— Silence! attention! ne bougeons pas!

En parlant ainsi, le bâtonniste manœuvrait. Bientôt il enlevait le sou, au grand ébahissement des assistants; et le jeune garçon allait ramasser le prix de sa collaboration.

— C'est pour avoir l'honneur de vous remercier, messieurs et mesdames, s'exclamait alors le bâtonniste, qui saluait, congédiait la foule et chantonnait :

> Mon bâton,
> Mon bâton,
> C'est à toi que j'dois mon r'nom... etc.

LE MONTREUR DE CURIOSITÉS.

I

Philéas Taylor Barnum, Américain, né au village de Bethel, dans le Connecticut, nous apparaît comme le type le plus accompli des montreurs de phénomènes et de curiosités.

Son nom est connu du monde entier. Il a passé en proverbe, et lorsqu'on veut parler des faits et gestes d'un malin charlatan, d'un habile exhibiteur, on dit tout simplement, comme expression suprême : « C'est un Barnum. »

Sa carrière a commencé en 1834 ; il débuta dans les spéculations sur les phénomènes par l'exhibition d'une vieille négresse qu'il avait achetée d'un charlatan de Philadelphie.

Pour quel personnage donna-t-il cette femme? Devinez... Non, vous ne le pourriez... Non, la badauderie parisienne ne permettrait pas pareille énormité... Barnum donna la négresse qui lui coûtait mille dollars, — car la chose se passait au temps où la traite des nègres florissait, — il donna, dis-je, cette négresse pour la nourrice de Washington, héros de l'indépendance américaine!

Conséquemment, le phénomène atteignait bel et bien l'âge de cent soixante ans!

Malgré l'invraisemblance du fait, les habitants de New-York s'y laissèrent prendre. Une foule alla voir, chaque jour, la nourrice de Washington. Mais cependant Barnum ne parvint pas, du premier coup, à la fortune. Loin de là, parcourant les divers États de l'Union, en compagnie d'écuyers et de saltimbanques, il mena vie errante et misérable, jusqu'à l'époque où, devenu possesseur de l'*American Musœum*, fameux cabinet de curiosités de New-York, il se distingua par d'ébouriffantes réclames et commença à passer pour le génie du *puff*, c'est-à-dire du mensonge passé à l'état de spéculation et mis à la portée de tout le monde.

Notre homme ne dédaigna pas de montrer au public crédule un monstre antédiluvien... de sa fabrique; puis une syrène des îles Fidgi, être fabuleux, comme vous le savez sans doute, moitié femme, moitié poisson, et qui sortait des mêmes ateliers que le monstre susindiqué; puis des géants, ou des animaux qu'il avait rendus difformes pour qu'ils devinssent plus intéressants; puis des panoramas exécutés avec art, surtout avec un grand luxe d'imagination; enfin l'illustre général *Tom-Pouce*, qui nous a visités, et que l'on croyait âgé de quinze ans quand il en avait seulement cinq.

Le général Tom-Pouce, fort bien dressé pour son rôle, admis dans plusieurs cours, notamment dans celles de la reine d'Angleterre et du roi Louis-Philippe 1er, eut des exhibitions qui mirent le sceau à la renommée de Phyléas Taylor Barnum. L'Europe, aussi bien que l'Amérique, célébra les mérites d'un homme qui savait découvrir et *lancer* les phénomènes.

L'exhibiteur, au surplus, habile au suprême degré dans la sciences des mystifications, ne s'en tint pas aux curiosités de bas étage. Il voulut rehausser sa profession par un coup d'éclat ; et bientôt tous les journaux des deux mondes annoncèrent une huitième merveille.

C'était la jeune cantatrice Jenny Lind, d'origine suédoise, engagée par Barnum, et dont les représentations dans l'Amérique du Nord ne furent qu'une longue suite d'ovations enthousiastes. Réclames, articles de journaux, puffs mirobolans, expédients de toutes sortes, rien ne manqua pour assurer le succès de Jenny Lind. La cantatrice obtint un tel succès que les places étaient partout vendues aux enchères. Elle fit une ample moisson de dollars, et Barnum ne gagna pas moins de trois millions.

Barnum, appliquant ce précepte : « La fortune couronne les audacieux, » imagina un jour d'acheter et de montrer, en Amérique, « la maison où naquit Shakespeare. »

Or, qui pouvait ignorer que le grand William Shakespeare a pris naissance sur le sol anglais? Qui n'avait pas entendu dire que sa patrie était Strafford-sur-l'Avon, petite ville du comté de Warwick, et que les Anglais font de fréquents pèlerinages à sa maison natale?

Cette fois, Barnum avait trop compté sur lui-même. La crédulité des Américains ne fut pas mise à l'épreuve. Les Anglais, qui n'aiment pas qu'on plaisante sur le compte de leur admirable Shakespeare, se fâchèrent tout de bon, et le beau projet de l'exhibiteur n'eut pas de suites.

II

Sur les traces de Barnum, devenu millionnaire, une foule de gens aventureux s'élancèrent sans parvenir à la fortune.

Ils étaient pourtant du même groupe ; par malheur, ils opéraient dans les rues et sur les places, et ils n'avaient point affaire à la badauderie des riches Yankèes de l'Amérique.

Chez nous, le montreur de curiosités date du moyen âge, mes chers amis. Dans les premières foires privilégiées qu'établirent les rois de France, déjà apparaissaient des nomades qui faisaient voir des bêtes curieuses, des objets exotiques, des phénomènes plus ou moins réels. Leur race a fourmillé ; aujourd'hui, dans le plus humble village, les jours de fête patronale, vous rencontrez plusieurs Barnums au petit pied, et votre curiosité, si souvent déçue, se laisse toujours prendre aux promesses de la réclame.

Quelquefois, c'est une troupe de saltimbanques, de faiseurs de tours, qui met des curiosités dans son programme ; ordinairement, les montreurs de phénomènes ne sortent pas de leur spécialité.

Les premiers, nous vous en avons touché quelques mots ; les seconds forment une espèce d'amuseurs *sui generis,* et nous essayerons de les dépeindre avec détail.

Tout à coup, à Paris, par exemple, dans une rue passante, vous apercevez une boutique à louer...

Des hommes entr'ouvrent la porte de cette boutique, y placent une sorte de vestibule en rideaux blancs et rouges, avec une méchante table de bois destinée à servir de bureau d'entrée. Au-dessus de la porte ils étalent une grande pancarte en calicot peint, où se trouve le portrait « authentique » d'un phénomène extraordinaire, tel qu'on n'en a jamais vu de pareil, tel qu'on n'en reverra jamais.

« Le public ne paie que s'il est content. » Cette formule ne varie guère.

Si le phénomène reproduit exactement tout ce que l'affiche « illustrée » promet, chaque spectateur donne en sortant dix centimes, et manifeste de cette manière sa satisfaction.

Toutefois, la plupart des montreurs de curiosités annoncent seulement cette latitude grande laissée au public, — dont les dix centimes sont préalablement reçus, — et qui, ai-je besoin de le dire? ne sont jamais restitués aux mécontents.

Il y a nombre de personnes, d'ailleurs, qui critiquent sans cesse les exhibitions, et qui déclarent constamment « que la chose ne mérite pas d'être vue. » Elles ne donneraient pas une obole, après avoir joui du spectacle qu'on leur offre.

Donc, il faut payer d'avance, sauf à manifester ensuite le blâme ou l'éloge.

Dans ces boutiques non terminées, qui servent de théâtres aux exhibiteurs, ou qui se transforment en bazars, les objets les plus divers viennent figurer.

Aujourd'hui, c'est la femme à barbe ou la géante de quinze ans; demain, c'est le phoque chanteur ou la syrène à deux têtes; un autre jour, ce sont les jumeaux réunis ou quelques « habitants d'une île déserte. »

Il n'y a pas de limite à ces spectacles improvisés. Les passants s'y arrêtent, et après quelques représentations plus ou moins fructueuses, l'exhibiteur transporte ailleurs ses curiosités.

III

Autrefois, on rencontrait par les rues des montreurs ou des meneurs d'ours, de bêtes féroces muselées.

Ces industriels d'un genre tout particulier, vêtus assez salement, gagnaient leur vie à faire faire des tours aux animaux pour le plaisir des amateurs.

La danse de l'ours réjouissait fort les campagnards, parmi lesquels « Martin » obtenait une grande popularité. Mais Martin n'était docile que dans sa jeunesse.

Quel bruit dans un village, quand vers la rue principale débouchait une ménagerie ambulante ! Quel bonheur de voir des animaux redoutables devenus doux comme des agneaux.

A Paris, on ne permettait déjà plus ces

sortes d'exhibitions lorsque la province les voyait encore. Bien des accidents étaient arrivés. Certaines bêtes que l'on prétendait apprivoisées, et qui, durant plusieurs années, avaient montré un caractère tout à fait sociable, devenaient subitement dangereuses, s'élançaient sur leurs admirateurs et leur faisaient des morsures plus ou moins graves.

Aujourd'hui, les ménageries ambulantes n'existent plus ; mais les dompteurs émérites ont continué leurs effrayants exercices dans des cirques ou sur la scène.

Les Anglais aiment beaucoup ces spectacles. Un de nos voisins d'outre-Manche, il y a quelques années, vint de Londres à Paris pour assister aux exercices d'un dompteur.

— Je l'ai suivi partout, disait-il, en Amérique et sur le continent; je veux être là quand son tigre le mangera.

Singulière destinée que celle des directeurs de ménageries. Leurs hôtes les enrichissent.... ou les croquent.

Mais revenons au type plus spécial du montreur de curiosités.

Longtemps le boulevard du Temple a été le champ de foire parisien des exhibiteurs, et vos parents n'ont certainement pas manqué de vous citer Curtius, le grand Curtius, l'incomparable Curtius, dont les figures de cire attiraient tous les habitants de la capitale.

Mon oncle me conduisit souvent dans ce cabinet célèbre.

— Si tu as une bonne place, cette semaine, me disait-il, je te mènerai chez Curtius.

— Au Palais-Royal?

— Non, au boulevard du Temple.

Car il faut vous dire, mes amis, que Curtius, dont le véritable nom était probablement Curtz, avait alors un salon au Palais-Royal, et un autre sur le boulevard du Temple.

Pour ne pas toujours montrer les mêmes têtes, tous les ans il renouvelait son personnel en cire.

Le premier salon était généralement consacré aux grands hommes, aux illustres politiques, aux notabilités de la littérature, de la science et des arts. Dans le second, on voyait une agglomération de profonds scélérats.

Au boulevard du Temple, il y avait un aboyeur qui, placé à la porte du salon, comme Paillasse à la porte des tentes de saltimbanques, s'adressait au public et cultivait le boniment :

— Entrez, messieurs et dames, venez voir l'empoisonneur Desrues, qui fut roué vif en 1777.

Ou bien encore :

— Entrez voir Philippe-Égalité, Marat et Robespierre.

Il n'en coûtait que dix centimes pour contempler à distance les figures de cire de Curtius ; mais quiconque payait soixante centimes avait le droit d'approcher et de circuler près des bustes.

Tel fut le succès du montreur de curiosités, que ses recettes atteignaient le gros chiffre de trois cents francs par jour.

La figure de cire ne se voit plus guère qu'à l'état de mannequin, chez les coiffeurs et les tailleurs.

Ajoutons que le boulevard du Temple a cessé d'être la colonie des montreurs de curiosités.

IV

Si, au moment de terminer ce petit livre, mes enfants, nous voulions nous transformer nous-même en montreur de curiosités, nous esquisserions les portraits des nombreux excentriques dont vos pères se sont amusés en passant, et dont vous rencontrez encore çà et là quelques derniers rejetons.

Citons seulement Fanchon la Vielleuse, connue autrefois de tous les Parisiens, qui prenaient plaisir à l'entendre, au commencement de ce siècle, comme ils ont applaudi, depuis trente années, l'homme à la vielle.

Citons les marchandes de plaisir, étrangement et coquettement habillées, annonçant leur marchandise avec un cri souvent répété, ou au moyen d'une crécelle ; les vendeurs de pain d'épices et de caramel ; les instituteurs de singes, de lièvres et de souris blanches ; Mangin, distributeur de crayons ; les débitants de vulnéraire ; les dentistes « admirés de l'Europe entière ; » les raccommodeurs de fontaines portant la redingote et le chapeau du Petit Caporal.

Aussi longtemps que le bruit du tambour ou de la trompette attirera les curieux, nous verrons se succéder les montreurs de curiosités, les charlatans, les saltimbanques, et les groupes les plus variés d'artistes en plein vent.

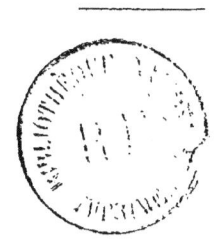

TABLE DES MATIÈRES

Bobèche et Galimafrée	1
Polichinelle	24
Paillasse	47
Pierrot	68
L'Escamoteur	94
Les Avaleurs de sabres, d'épées, de cailloux et d'huile bouillante	117
Le Musicien ambulant	133
Guignol, ou les Marionnettes	160
Les Hercules	185
La Diseuse de bonne aventure	205
L'Acrobate et le Batonniste	223
Le Montreur de curiosités	236

St-Denis. — Imp. CH. LAMBERT, 17, rue de Paris.

www.ingramcontent.com/pod-product-compliance
Lightning Source LLC
Chambersburg PA
CBHW050637170426
43200CB00008B/1052